现代汽车框架结构的材料与制造技术

沈铭铭　著

延吉·延边大学出版社

图书在版编目（CIP）数据

现代汽车框架结构的材料与制造技术 / 沈铭铭著.

延吉 ： 延边大学出版社，2025. 1. -- ISBN 978-7-230

-07930-3

Ⅰ．U465

中国国家版本馆 CIP 数据核字第 2025BD0990 号

现代汽车框架结构的材料与制造技术

著　　者：沈铭铭

责任编辑：金倩倩

封面设计：战　辉

出版发行：延边大学出版社

社　　址：吉林省延吉市公园路 977 号

邮　　编：133002

网　　址：http://www.ydcbs.com

E-mail：ydcbs@ydcbs.com

电　　话：0433-2732435

传　　真：0433-2732434

发行电话：0433-2733056

印　　刷：三河市同力彩印有限公司

开　　本：787 mm×1092 mm　1/16

印　　张：11

字　　数：201 千字

版　　次：2025 年 1 月　第 1 版

印　　次：2025 年 1 月　第 1 次印刷

ISBN 978-7-230-07930-3

定　　价：68.00 元

前　　言

在 21 世纪的科技洪流中，汽车工业作为全球影响力较大的产业之一，正经历着前所未有的变革。随着环保法规日益严格、消费者对驾乘体验要求不断提升及新能源技术迅猛发展，汽车框架结构的材料与制造技术迎来了重大的挑战与机遇。

汽车框架作为承载整个车辆结构的关键部分，不仅影响着汽车的安全性能、操控特性，还关系到车辆的能耗水平与环境友好度。传统材料如钢铁虽经久耐用，但在轻量化需求下逐渐显露出局限性。因此，高强度钢、铝合金、镁合金、碳纤维增强塑料及各种复合材料应运而生，它们以独特的物理与化学特性，重新定义了汽车设计的可能性。高强度钢通过先进的热成形技术，实现了结构强度与轻量化之间的平衡；铝合金的广泛应用，则得益于其优良的抗腐蚀性和较低的密度，显著减轻了车身重量，提升了能源利用效率；碳纤维增强塑料作为一种革命性材料，其极高的强度重量比和可设计性，正在高端与高性能汽车市场上引领一场轻量化革命。

《现代汽车框架结构的材料与制造技术》一书系统阐述了现代汽车工业中关键结构材料的选择与先进制造工艺的运用。首先分析了金属材料如钢铁、有色金属及其合金在汽车框架结构中的应用，其次探讨了塑料、橡胶、玻璃、陶瓷等非金属材料的特性和应用，最后详细讨论了现代汽车制造中的关键技术，包括锻造与冲压技术、激光切割与焊接技术、机械加工技术等。对这些内容加以分析和讨论，有利于为汽车工程师和相关研究人员提供理论和技术参考。

笔者知识和经验有限，尽管在编写本书的过程中，力求做到全面和准确，但鉴于汽车工业的复杂性和技术的不断进步，书中可能仍存在不足之处，敬请广大读者批评指正，以便日后不断完善。

目　　录

第一章 现代汽车框架结构的金属材料

第一节 金属材料的性能

一、金属材料的力学性能

金属材料的力学性能是指金属材料在外力作用下表现出来的性能。判定金属材料的力学性能所用的指标和依据，被称为金属力学性能判据，它是金属制件设计时选材和进行强度计算的主要依据。判据的高低决定了金属材料抵抗各种损伤作用能力的大小。

金属材料在加工和使用过程中会受到外力的作用，这种外力通常被称为载荷。根据性质不同，载荷可分为静载荷和动载荷，其中动载荷又包括冲击载荷和交变载荷。静载荷是指大小和方向均不随时间发生显著变化的载荷。例如，汽车在静止状态下，由车身自重引起的对车架和轮胎的压力属于静载荷。冲击载荷是指以较高的速度作用于零部件上的载荷。例如，当汽车在崎岖的道路上行驶时，车身对车架和轮胎的冲击即为冲击载荷。交变载荷是指大小与方向随时间发生周期性变化的载荷，如运转中的发动机曲轴、齿轮等零部件所承受的载荷。

根据外力作用形式的不同，载荷可分为压缩载荷、拉伸载荷、扭转载荷、剪切载荷和弯曲载荷，如图 1-1 所示。

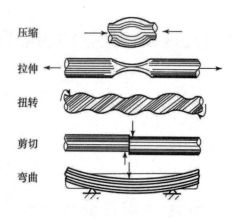

图 1-1 载荷的作用形式

　　金属材料在外加载荷的作用下，形状和尺寸产生的变化称为变形。变形一般分为弹性变形和塑性变形。弹性变形是指构件受到外加载荷作用时产生变形，载荷卸除后恢复原状的变形。塑性变形是指构件在外加载荷作用下产生变形，且当载荷卸除后不能恢复原状的变形，因此塑性变形也称为永久变形。

　　金属材料的力学性能是设计和制造汽车零件的重要依据，也是控制汽车零件质量的重要参数。金属材料的选用标准离不开对金属力学性能的分析。金属材料的力学性能主要包括静态力学性能（强度、塑性、硬度）和动态力学性能（韧性、疲劳强度）。

　　例如，为保证驾乘人员的安全，人们在选择汽车轮胎紧固螺栓材料及规格的时候，就必须保证螺栓在使用过程中不会由于承受不住剪切力而扭断。如图 1-2 所示。

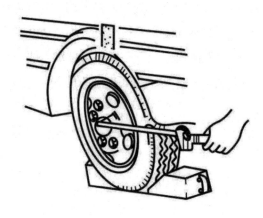

图 1-2 汽车轮胎紧固螺栓

（一）强度与塑性

强度是指金属材料在静载荷作用下抵抗塑性变形和断裂的能力。塑性是指金属材料在静载荷作用下产生塑性变形而不发生断裂的能力。强度和塑性指标都可以通过拉伸试验测定。

1.拉伸试验

拉伸试验是指在静拉伸力作用下，对试样进行轴向拉伸，直到拉断。根据在拉伸试验中绘制出的拉伸曲线，即可计算出强度和塑性的性能指标。

在拉伸试验前，将被测金属制成具有一定形状和尺寸的标准拉伸试样，图 1-3 为常用的圆形拉伸试样。将拉伸试样装夹在拉伸试验机的两个夹头上，沿轴向缓慢加载进行拉伸，试样逐渐伸长、变细，直到最后被拉断。在拉伸试验过程中，拉伸试验机上的自动记录装置可绘制出能反映静拉伸载荷 F 与试样轴向伸长量 ΔL 对应关系的拉伸曲线，即 $F - \Delta L$ 曲线。图 1-4 所示为低碳钢的 $F - \Delta L$ 曲线。

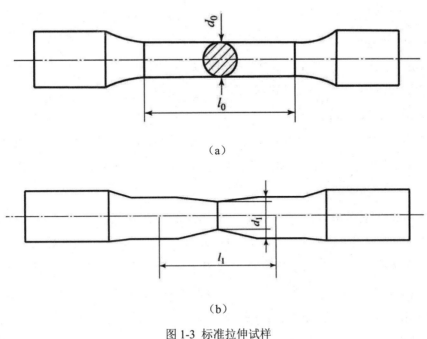

（a）

（b）

图 1-3 标准拉伸试样

（a）拉伸前；（b）拉伸后

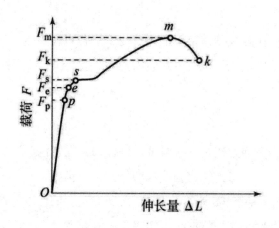

图 1-4 低碳钢的 $F - \Delta L$ 曲线

根据图 1-4 可知，拉伸过程分为以下几个阶段：

（1）弹性变形阶段（Oe 段）

当载荷不超过 F_e 时，加载试样会产生变形，当卸除载荷时，试样能恢复原状。这说明 F_e 是试样产生弹性变形的最大力。

（2）屈服阶段（s 点附近的平台或锯齿）

当载荷超过 F_e 后，试样发生弹性变形和微量塑性变形。当载荷增加到 F_s 时，曲线出现平台或锯齿。在载荷不增加或略有减小的情况下，试样却继续伸长，这种现象称为屈服，其中，s 点为屈服点，F_s 为屈服载荷。

（3）强化阶段（sm 段）

在屈服阶段之后，若继续增加载荷，试样将继续伸长。随着试样塑性变形的增加，材料的变形抗力也逐渐提升，这种现象被称为形变强化或加工硬化。F_m 为试样拉断之前承受的最大力。

（4）缩颈阶段（mk 段）

当载荷增加到最大值 F_m 后，试样的直径发生局部收缩，即缩颈。此时变形所需的载荷也逐渐降低，伸长部位主要集中于缩颈部位。当载荷达到 F_k 时，试样被拉断。

做拉伸试验时，低碳钢等塑性材料在断裂前有明显的塑性变形，出现屈服现象，其断口呈"杯锥"状；铸铁等脆性材料在断裂前不仅没有屈服现象，而且也没有缩颈现象，其断口是平整的。

2.强度指标

通过拉伸试验测得的强度指标有屈服强度和抗拉强度。

（1）屈服强度

金属材料开始产生屈服现象时的最低应力称为屈服强度，用 R_{eL} 表示，计算公式为：

$$R_{eL} = \frac{F_s}{S_0}(\text{MPa})$$

（1-1）

式中：F_s——试样发生屈服时的最小载荷（N）；

S_0——试样原始横截面积（mm²）。

在汽车工业中，高碳钢、铸铁等脆性材料在拉伸过程中没有发生明显屈服现象。通常此类材料的屈服强度为塑性变形量在 0.2% 时的应力值，用 $R_{r0.2}$ 表示，如图 1-5 所示。

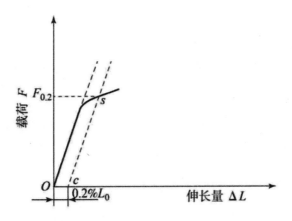

图 1-5 铸铁的 $F - \Delta L$ 曲线

机械零件在受到过量的塑性变形后会失效，因此在使用过程中，机械零件不可发生明显的塑性变形，大多数机械零件常以 R_{eL} 或 $R_{r0.2}$ 作为选材和设计的依据。

（2）抗拉强度

金属材料在断裂前所能承受的最大应力，被称为抗拉强度，用 R_m 表示，计算公式为：

$$R_{m} = \frac{F_{m}}{S_{0}}(\text{MPa})$$

（1-2）

式中：F_{m}——试样断裂前所承受的最大载荷（N）；

S_{0}——试样原始横截面积（mm²）。

抗拉强度是机械零件设计和选材的主要依据，是工程技术上的主要强度指标。通常情况下，在静载荷作用下，只要工作应力不超过材料的抗拉强度，零件就不会发生断裂。

材料的强度对机械零件的设计具有非常重要的意义。强度越高，相同横截面积的材料在工作时所能承受的载荷（力）就越大；当载荷一定时，选用高强度的材料，就可以减小构件的横截面尺寸，从而减小其自重。

在工程上，屈强比 R_{eL}/R_{m} 是一个有意义的指标。屈强比越大，越能发挥材料的潜力。但是为了使用安全，屈强比不宜过大，适当的比值为 0.65～0.75。另外，比强度 R_{m}/ρ 也常被提及，它表明了材料强度与密度之间的关系，在考虑汽车轻量化的问题时，常常用到这个指标。

3.塑性指标

金属材料的塑性指标主要由断后伸长率和断面收缩率表示。

（1）断后伸长率

断后伸长率指试样拉断后，标距长度的伸长量与原始标距的百分比，用符号 A 表示，计算公式为：

$$A = \frac{L_{u} - L_{0}}{L_{0}} \times 100\%$$

（1-3）

式中：L_{u}——试样拉断后标距的长度（mm）；

L_{0}——试样的原始标距（mm）。

（2）断面收缩率

断面收缩率指试样拉断后，横截面积的缩减量与原始横截面积之比，用符号 Z 表示，计算公式为：

$$Z = \frac{S_{0} - S_{u}}{S_{0}} \times 100\%$$

（1-4）

式中：S_u——试样拉断处的最小横截面积（mm²）；

S_0——试样的原始横截面积（mm²）。

如果同一材料的试样长短不同，那么测得的断后伸长率就会略有不同。例如，用短试样测得的断后伸长率略大于用长试样测得的断后伸长率。断面收缩率与试样的尺寸无关。

金属材料的 A、Z 值越大，说明材料的塑性越好。塑性好的金属材料易于通过压力加工制成形状复杂的零件，例如，汽车车身覆盖件、油箱等大多采用具有良好塑性的冷轧钢板冲压成型。此外，采用塑性好的金属材料制成的零件，在面临偶然的过载状况时，其塑性变形能力能够有效防止因构件突然断裂而引发的事故。因此，在汽车制造行业中，普遍要求所用材料必须具有一定的塑性。

（二）硬度

硬度是指金属材料抵抗局部变形或者抵抗其他物质刻画、压入其表面的能力，是重要的力学性能指标之一。通常情况下，材料的硬度越高，耐磨性越好，因此，人们常将硬度值作为衡量材料耐磨性的重要指标。在汽车维修行业中，常用的模具、量具、刀具等工具必须具备充分的硬度，以确保其正常运作。

由于测定材料硬度的试验设备比较简单，操作方便，且该试验属于非破坏性试验。因此，在实际生产中，大多通过测试硬度来检测一般机械零件的力学性能。

测定硬度的方法有很多，主要有压入法、划痕法、回跳法。目前常用的硬度测量方法是压入法，即在一定外加载荷的作用下，将比工件更硬的压头缓慢压入被测工件表面，使金属局部发生塑性变形，从而形成压痕，然后根据压痕面积或压痕深度来确定硬度值。

根据压头和外加载荷的不同，常用的硬度指标有布氏硬度、洛氏硬度和维氏硬度。

1.布氏硬度

布氏硬度是在布氏硬度计上测得的，用符号 HBW 表示，其试验原理如图 1-6 所示。使用直径为 D 的淬火钢球或硬质合金球作为压头，以规定的试验载荷 F 压入被测金属表面，保持一定时间后卸除载荷，此时被测金属表面上会留下直径为 d 的球形压痕。计算压痕单位面积上所受的平均压力（即所加载荷与压痕面积的比值），即为该金属的布氏硬度值。布氏硬度值的计算公式为：

$$\text{HBW} = \frac{F}{S} = 0.102 \frac{2F}{\pi D \left(D - \sqrt{D^2 - d^2} \right)}$$

（1-5）

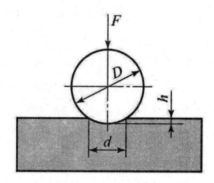

图 1-6 布氏硬度试验原理

从上式可以看出，当载荷 F 和压头直径 D 一定时，布氏硬度值仅与压痕直径 d 的大小有关。d 越小，说明压痕面积越小，布氏硬度值越大，被测金属越硬。在实际应用中，布氏硬度值不用计算，只需要使用读数显微镜测出压痕平均直径 d 的大小。在压痕直径与布氏硬度对照表中，即可查出相应的布氏硬度值。布氏硬度值一般不标注单位。

布氏硬度试验应根据被测金属材料的种类和试样厚度，合理选择试验参数，如球体直径 D、施加载荷 F 和保持时间，具体参照表 1-1。

布氏硬度试验的优点是数据准确、稳定、重复性强；缺点是压痕较大，易损伤零件表面，不能测量太薄、太硬的材料。布氏硬度试验常用来测量退火钢、正火钢、调质钢、铸铁及有色金属的硬度。

表 1-1 布氏硬度试验规范

材料	硬度规范	球体直径 D / mm			F/D^2	保持时间 / s
钢、铸铁	＜140				10	10～15
	≥140				30	10
非铁金属	335～130	10	5	2.5	10	30
	≥130				30	30
	＜35				2.5	60

2.洛氏硬度

洛氏硬度是在洛氏硬度计上测得的，用符号 HR 表示。其试验原理如图 1-7 所示。

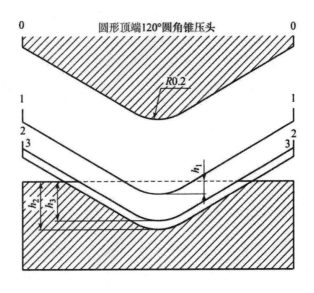

图 1-7 洛氏硬度试验原理

用顶角为 120° 的金刚石圆锥体或直径为 1.588 mm 的淬火钢球作为压头，先施加初始载荷 F_0（目的是消除由零件表面不光滑等因素造成的误差），压入金属表面的深度为 h_1；然后施加主载荷 F_1，在总载荷 F（$F = F_0 + F_1$）的作用下，压入金属表面的深度为 h_2；待表头指针稳定后卸除主载荷，金属会因恢复弹性而回升压头，此时压入金属表面的深度为 h_3，压头实际压入金属的深度为 h（$h = h_3 - h_1$）。以压痕深度 h 值的大小衡量被测金属的硬度，h 值越大，被测金属硬度越低；反之则越高。人们通常认为数值越大，硬度越高，为了顺应这一观念，可用下式表示金属的硬度值：

$$\text{HR} = K \frac{h}{0.002} \tag{1-6}$$

式中：K——常数，当用金刚石压头时 K 为 100，用淬火钢球压头时 K 为 130；
h——卸除主载荷后测得的压痕深度。

在实际应用时，可以直接从洛氏硬度计刻度盘上读出洛氏硬度值。

为了能够用同一台硬度计测量不同金属材料的硬度，洛氏硬度试验采用了由不同压头和载荷组合而成的多种硬度标尺，各标尺通过在 HR 后附加字母加以区分。常用的洛氏硬度标尺有 HRA、HRB、HRC 三种，其中 HRC 应用最为广泛。标注洛氏硬度时，要将所测定的洛氏硬度值写在相应标尺的硬度符号之前，如 75HRA、90HRB、60HRC 等。常用洛氏硬度试验规范及应用举例见表 1-2。

洛氏硬度试验操作简便，可以直接从刻度盘上读出硬度值；压痕较小，基本不损坏零件表面，可直接测量成品和较薄零件的硬度。但由于压痕较小，试验数据不太稳定，所以需要在不同部位进行三次测量，并取其平均值以确保数据的可靠性。

洛氏硬度试验主要适用于测定铜和铝等有色金属及其合金、硬质合金、渗碳件，以及退火、正火和淬火钢件的硬度。

表 1-2 常用洛氏硬度试验规范及应用举例

硬度符号	压头类型	初载荷/kgf（N）	主载荷/kgf（N）	测量范围	应用举例
HRA	金刚石圆锥体	10（98.1）	50（490.30）	20～88	硬质合金、表面淬火层、渗碳层等
HRB	淬火钢球	10（98.1）	90（882.6）	20～100	有色金属及退火、正火钢件等
HRC	金刚石圆锥体	10（98.1）	140（1 373）	20～70	淬火钢、调质钢件

3.维氏硬度

布氏硬度试验不适合测定硬度较高的金属材料，洛氏硬度试验虽可用来测定各种金属材料的硬度，但由于其采用不同的压头和载荷，不同标尺间硬度值没有联系，因此不能直接换算。为了建立适用于不同硬度范围的金属材料的统一硬度标准，维氏硬度试验法应运而生。

维氏硬度的试验原理和布氏硬度基本相似，均基于压痕单位面积上的载荷大小来计算硬度值，区别在于维氏硬度试验的压头采用相对面夹角为136°的金刚石正四棱锥，在规定载荷 F 的作用下，压头被压入待测金属表面，保持一定时间后卸除载荷，测量压痕投影的两对角线的平均长度 d，如图 1-8 所示。维氏硬度用符号 HV 表示，计算公式为：

$$HV = 0.189 \frac{F}{d^2}$$

$$(1-7)$$

式中：F——作用在压头上的载荷（N）；

d——压痕两条对角线长度的算术平均值（mm）。

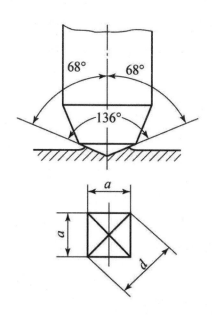

图 1-8 维氏硬度试验原理

在维氏硬度测试过程中，使用测微仪测量压痕的两条对角线长度，并计算出其平均值，查阅相关硬度对照表，即可获得相应的维氏硬度数值。

维氏硬度标注方法与布氏硬度相同，硬度数值写在符号前面，试验条件写在符号后面。以 640HV30/20 为例，它表示用 30 kgf（294.2 N）试验载荷，保持 20 s 后测定的维氏硬度值为 640。

维氏硬度试验中所加的载荷小（常用的试验载荷有 5 kgf、10 kgf、20 kgf、30 kgf、50 kgf、100 kgf），压入深度较浅，可测量较薄的材料，也可测量表面淬硬层及化学热处理的表面层硬度（如渗碳层、渗氮层）。维氏硬度值具有连续性，故可用于测定各种金属材料的硬度，且测量的准确性较高。维氏硬度试验的缺点是操作过程及压痕测量较费时间，生产效率不如洛氏硬度试验高，故不适合成批生产中的常规检验。

对于承受冲击载荷的零件，如冲床的冲头、锻锤的锻杆、发动机曲轴等，其不仅要满足在静力作用下的强度、塑性、硬度等性能判据，还必须具备足够的韧性。韧性是指金属在断裂前吸收变形能量的能力，韧性的判据是通过冲击试验测定的。

实际上，汽车上大多数零件承受的不是静载荷，而是动载荷（冲击载荷和交变载荷）。汽车起步、加速、紧急制动、停车时，变速器中的齿轮、传动轴，以及后桥中的半轴、差速器齿轮等零件受到的载荷，属于冲击载荷；而曲轴、连杆、轴承、弹簧等汽车零件，在工作过程中受到大小或方向会随时间呈周期性变化的载荷，属于交变载荷。在动载荷作用下测得的力学性能指标主要有冲击韧性和疲劳强度。

二、金属材料的工艺性能

汽车零件大多数是采用金属材料制造的，金属材料的工艺性能是指金属材料在加工过程中所表现出来的性能。工艺性能在确保汽车产品质量、降低成本、提高生产效率等方面起着十分重要的作用，是汽车设计、制造、修理及选材时必须认真考虑的因素。按照工艺方法，金属材料的工艺性能主要包括铸造性能、锻压性能、焊接性能、热处理性能和切削加工性能等。

（一）铸造性能

金属材料通过铸造成形后获得高质量铸件的能力，被称为铸造性能。金属材料可以制成各种零件，如汽车上的曲轴、凸轮轴、气缸体、气缸套、转向器壳体等。

铸造性能主要包括流动性、收缩性、偏析性等。流动性是指熔融金属的流动能力。流动性好的金属容易充满铸型，从而获得外形完整、尺寸精确、轮廓清晰的铸件。收缩性是指铸件在凝固和冷却过程中，其体积和尺寸减小的现象。铸件收缩不仅影响尺寸，还会使铸件产生缩孔、缩松、变形和裂纹等缺陷，故铸造所用金属材料的收缩率越小越好。偏析是指合金中各组成元素在结晶时分布不均匀的现象。偏析会使铸件各部分的力学性能有很大的差异，降低铸件质量。

在铸件设计过程中，必须综合考量材料的铸造性能。若材料具备优异的铸造性能，则能够实现结构复杂、形状精确且强度较高的铸件生产。此外，良好的铸造性能有助于简化生产工艺流程，进而提升产品的合格率。在常用的金属材料中，铸造铝合金、灰铸铁和青铜等具有良好的铸造性能。

（二）锻压性能

锻压是指对金属坯料施加外力，使其产生塑性变形，改变其形状、尺寸，改善其性能，使金属材料在冷热状态下经过压力加工成形的工艺。按重量百分比计算，汽车上约70％的零件是由锻压加工方法制造的，如汽车的车体外板就是冷轧钢板经过压力加工成形的。

金属的锻压性能是指金属材料对采用压力加工方法成形的适应能力，是衡量材料通过塑性加工获得优质零件难易程度的工艺性能。金属的锻压性能越好，表明该金属越适合使用塑性加工方法成形；金属的锻压性能越差，说明该金属越不宜选用塑性加工方法成形。

锻压性能的优劣常用金属的塑性和变形抗力来综合衡量。塑性越高，变形抗力越小，该金属的锻压性能越好；反之则差。不同成分的金属，其锻压性能不同。例如，低碳钢具有良好的锻压性能；铸铁的锻压性能较差，无法采用锻压工艺加工；铜合金和铝合金在室温状态下就具有良好的锻压性能。

（三）焊接性能

金属材料的焊接性能是指其对焊接加工过程的适应能力，即在特定的焊接工艺条件下，形成高质量焊接接头的难易程度。焊接性能好的金属材料，可用一般的焊接方法和焊接工艺进行焊接，焊缝中不易产生气孔、夹杂或裂纹等缺陷，其强度与母材相近，并且焊接接头具有良好的力学性能；焊接性能差的金属材料，要采用特殊的焊接方法和焊接工艺才能进行焊接。不同成分的金属，其焊接性能不同。

焊接在汽车制造中应用极为普遍，汽车车架、车桥、车身、车厢等都应用了焊接技术，尤其是轿车车身覆盖件的拼装更离不开焊接。

（四）热处理性能

金属材料对各种热处理工艺的适应能力，被称为热处理性能。热处理性能包括淬透性、淬硬性、淬火变形开裂倾向、表面氧化脱碳倾向、过热和过烧的敏感倾向及回火脆性倾向等。由于各种金属材料化学成分及内部组织结构不同，因此热处理性能不同，在热处理过程中出现的淬透性、变形开裂倾向等也不同。应根据不同的材料、不同的工件形状，选择不同的热处理工艺，来满足其性能要求。

（五）切削加工性能

金属材料接受切削加工的难易程度，被称为切削加工性能。金属材料的切削加工性能主要与材料本身的化学成分、组织状态、硬度、韧性及导热性有关。当金属材料具有适当的硬度（170～230 HBS）和足够的脆性时，刀具磨损小，切削量大，切屑易于折断脱落，加工表面粗糙度小，且精度也高。金属材料硬度过高，刀具易磨损，切削加工困难；金属材料硬度过低，容易粘刀，且不易断屑，加工后表面粗糙。因此，硬度过高或过低、韧性过大的金属材料切削加工性能较差。

第二节 有色金属及其合金

一、铝及铝合金

铝及铝合金在工业中的应用量仅次于钢铁，其最大的特点是质量轻、比强度和比刚度高、导电导热性好、耐腐蚀，因此被广泛用于飞机制造业，成为航空等工业的主要原材料。同时也被广泛用于建筑、运输、电力等各个领域。

（一）工业纯铝

铝在地壳中储量丰富，占地壳总重量的 8.2 %，居所有金属元素之首。

纯铝的密度为 2.7 g/cm^3，熔点比较低，为 660.4℃。铝的导电性、导热性好，仅次于银与铜。纯铝在固态下具有面心立方晶格结构，因此铝强度低、塑性好。纯铝化学性质活泼，在空气中极易氧化形成一层牢固致密的表面氧化膜，从而使其在空气及淡水中具有良好的抗蚀性。铝具有良好的塑性和韧性，很容易通过压力加工成形，且在低温下也有很好的塑性、韧性。纯铝还易于铸造和切削，具有良好的工艺性能，其优异性能几乎已在所有工业领域中得到应用。

工业纯铝强度低，室温下仅为 45～50 MPa，故通常不宜用作结构材料。纯铝可用于制作电线、屏蔽壳体、反射器、散热器、包覆材料及化工容器等。我国工业纯铝的代号用"L+顺序号"的形式表示，有 L1、L2、L3、L4、L5、L6 六种，其中 L1 含杂质最少，L6 含杂质最多。

（二）铝合金

铝合金是在纯铝中加入适量的硅、镁、锰等合金元素后形成的合金。

铝合金的强度大大高于纯铝，如果再配合采取热处理和冷加工硬化的方法，有些铝合金的强度几乎相当于低合金结构钢的水平。铝合金具有密度小、导热性能好、重量轻的优点。所以，铝合金广泛应用于各行业，以汽车生产为例，铝合金的用量不断加大，常用于制造质量轻、强度要求高的零件（如活塞）。

根据化学成分和加工方法的不同，铝合金可分为变形铝合金和铸造铝合金两类。

1.变形铝合金

变形铝合金是指通过锻造、轧制、挤压等塑性变形工艺方法生产出来的铝合金。变形铝合金采用 4 位字符牌号命名，牌号的第一位数值为主要合金元素的顺序号，从 2 到 8 依次是铜、锰、硅、镁、镁+硅、锌、其他；牌号的第二位字母表示原始合金（A）或原始合金的改型（B～Y）；最后两位数字仅用来识别同一组中不同合金或铝的纯度，如 7A04 表示以锌为主要合金元素的 4 号原始铝合金。

根据主要的性能特点与用途，变形铝合金又分为防锈铝合金、硬铝合金、超硬铝合金和锻造铝合金。

防锈铝合金是指在大气、水和油等介质中具有良好的抗腐蚀性能的铝合金，主要特点是抗腐蚀性好、塑性好、强度高，并有良好的低温性能，不可进行热处理强化，只能通过变形加工来提高合金的硬度。防锈铝合金主要用于制造要求具有高抗腐蚀性的低载荷零件或焊接件，如铆钉、油管、油箱、车身蒙皮和装饰件等。

硬铝合金是指通过热处理后得到的具有较高强度和硬度的铝合金。硬铝合金强度、硬度较高，但耐腐蚀性较差，通常可在硬铝板材表面包一层纯铝，以提高耐腐蚀性能。硬铝合金主要用于制造受力一般的航空零件及汽车铆钉。

超硬铝合金是指具有比硬铝更高的强度和硬度的铝合金，简称超硬铝，是室温强度最高的铝合金。防锈铝合金经热处理后的强度可达 680 MPa，但高温软化快，耐腐蚀性、焊接性差。超硬铝合金主要用于受力较大的重要结构和零件，如飞机大梁、起落架、加强框等。

锻造铝合金是指适用于锻造的铝合金，简称锻铝。其主要特点是具有优良的热塑性，热加工性能好，铸造性和耐腐蚀性较好，力学性能可与硬铝合金相当。锻造铝合金在汽车上主要用于制造形状复杂的中等强度的锻件和冲压件，如发动机活塞、风扇叶片等。

2.铸造铝合金

铸造铝合金是指宜用铸造工艺生产铸件的铝合金，简称铸铝。其牌号用 ZAl 与其他主要元素符号及其含量来表示，如 ZAlSi9Mg，表示含硅量为 9％及含少量镁（镁为 0.17％～0.30％）的铸造铝硅合金。而合金的代号用 ZL 后附以三位数值表示，第一位数值为合金类别代号（1 为铝硅系、2 为铝铜系、3 为铝镁系、4 为铝锌系），后两位数值为合金顺序号。例如 ZL104 表示 4 号铝硅系铸造铝合金。顺序号不同，化学成分也不同。常用铸造铝合金的分类、性能、用途如表 1-3 所示。

表 1-3 常用铸造铝合金的分类、性能、用途

分类	牌号/代号	主要性能	主要用途
铝硅系铸造铝合金	ZAlSi12/ZL102 ZAlSi5CuMg/ZL105	铸造性能好、密度小、导热性好、气密性高且具有优良的耐腐蚀性	用于制造受载大的复杂件，如气缸体、发动机活塞、风扇叶片等
铝铜系铸造铝合金	ZAlCu5Mn/ZL201 ZAlCu10/ZL202	热强性最好，但其强度和铸造性能不如铝硅系合金，耐腐蚀性也较差	一般只用作要求强度高且工作温度较高的零件，如活塞、内燃机缸头等
铝镁系铸造铝合金	ZAlMg10/ZL301	强度高、耐腐蚀性最好、抗冲击、切削加工性好，但其铸造性和耐热性差，冶炼复杂	用作承受冲击、耐海水腐蚀且外形较简单的零件，如舰船配件、雷达底座、螺旋桨等
铝锌系铸造铝合金	ZAlZn11Si7/ZL401	价格便宜，成本低，其铸造、焊接和尺寸稳定性较好，但耐热、耐腐蚀性差	用于制作工作温度低、形状复杂受载小的压铸件及型板、支架等

3.常用铝合金在汽车上的应用

常用铝合金在汽车上的应用见表1-4。

表1-4 常用铝合金在汽车上的应用

牌号	代号	应用
变形铝合金	LF5 LF11 LF21	车身、车门、发动机罩、行李箱罩、地板、翼板、车轮、油箱、油管、热交换器、铆钉、装饰件等
铸造铝合金	ZL102	发动机活塞等
	ZL103	离合器壳体、发动机风扇等
	ZL104	气缸盖罩、挺杆室盖板、机油滤清器底座及转子等

二、铜及铜合金

（一）工业纯铜

纯铜是用电解的方法制取的，故纯铜亦被称为电解铜；工业纯铜的颜色为紫红色，故工业纯铜又被称为紫铜。纯铜的熔点为 1 083.4℃，密度为 8.92 g/cm³，具有良好的导电性、导热性及抗大气腐蚀性，是抗磁性金属，广泛用于制造电工导体、传热体及防磁器械等。纯铜为面心立方晶格结构，强度低、塑性好，可进行冷变形强化，焊接性能良好。纯铜的主要杂质是铅、铋、氧、硫和磷等，它们对纯铜的性能影响很大，所以必须严格控制含量。

纯铜的牌号用字母"T"加数字来表示，工业纯铜主要有T1、T2、T3、T4四个牌号，字母后面的数值越大，其杂质含量越多，纯度越低。

纯铜可加工成铜箔。纯铜低温韧性好，焊接性能优良。纯铜主要用于导电导热及兼有耐腐蚀性要求的结构件，如电机、电器、电线电缆、电刷、防磁机械、化工换热及深冷设备等。工业上应用较多的是在纯铜中加入合金元素后形成的铜合金。

（二）铜合金

为了改善铜的力学性能，可在纯铜中加入合金元素，制成铜合金，铜合金通常作为结构件的制造材料。铜合金具有较高的强度、硬度和抗腐蚀性，在机械制造工业部门应用广泛。工业上常用的铜合金主要有黄铜和青铜。

1.黄铜

黄铜是以锌作为主要合金元素的铜合金，人们通常把铜锌二元合金称为普通黄铜。普通黄铜牌号用字母"H"后附以数值表示，数值代表平均含铜量，如 H62 表示铜的平均含量为 62%，其余 38%为锌的普通黄铜。普通黄铜的组织和性能主要受含锌量的影响。当含锌量小于 32%时，随着含锌量增加，合金的强度和塑性都升高；当含锌量超过 32%时，若强度继续升高，则塑性开始下降；当含锌量超过 45%时，会产生脆性组织，使黄铜的强度和塑性急剧下降。

在普通黄铜中加入其他元素的铜合金，被称为特殊黄铜。特殊黄铜牌号用"H+主加元素符号+铜的平均成分+主加元素平均成分+其他元素平均成分"表示，如 HPb59-1 表示 Cu=59%、Pb=1%的铅黄铜。

如果是铸造黄铜，则在牌号前加"铸"字的汉语拼音首字母"Z"，其牌号用"ZCuZn+锌的平均含量+其他合金符号及平均含量"表示，如 ZCuZn31AL2 表示 Zn=31%、AL=2%的铸造黄铜。常用黄铜的牌号、成分与主要用途见表 1-5。

表 1-5　常用黄铜的牌号、成分与主要用途

类别	牌号	成分		主要用途
		Cu	其他	
普通黄铜	H62	60.5%～63.5%	余量 Zn	销钉、铆钉、螺钉、螺母、垫圈、弹簧
	H68	67.0%～70.0%	余量 Zn	复杂的冷冲压件、散热器外壳、波纹管、轴套
	H90	88.0%～91.0%	余量 Zn	双金属片、供水、排水管
	ZCuZn38（ZH62）	60.0%～63.0%	余量 Zn	散热器、螺钉

类别	牌号	成分		主要用途
		Cu	其他	
特殊黄铜	HPb59-1	57.0 %～60.0 %	0.8 %～1.9 %Pb、余量 Zn	热冲压及切削加工零件（销轴套、螺钉、螺母）
	HAl59-3-2	57.0 %～60.0 %	0.5 %～3.5 %Al、2.0 %～3.0 %Ni、余量 Zn	在常温下工作的高强度耐腐蚀零件
	ZCuZn25Al6	60.0 %～66.0 %	0.5 %～7 %Al、2 %～4 %Fe、0.5 %～4.0 %Mn、余量 Zn	高强度、耐磨零件（螺杆滑块、蜗轮等）

普通黄铜主要用来制作汽车上的散热器、油管接头、气缸小套、黄油嘴。特殊黄铜常用于制造耐磨损的零件，如转向节主销衬套、钢板销衬套等。

2.青铜

青铜原指人类最早应用的铜锡合金。在现代工业中，人们把以铝、硅、铍、锰、铅、钛等为主加元素的铜合金均称为青铜。青铜的牌号用"Q+主加元素符号+主加元素平均成分+其他元素平均成分"表示，如 QSn4-3 表示 Sn=4%、Zn=3%的锡青铜。铸造青铜牌号的表示方法与铸造黄铜相同，如 ZCuPb15Sn8 表示 Pb=15 %、Sn=8 %的铸造铅青铜。

青铜的种类有很多，汽车工业上使用较多的青铜有锡青铜、铝青铜、铍青铜、铅青铜和硅青铜等。常用青铜的成分、性能与主要用途见表1-6。

表1-6 常用青铜的成分、性能与主要用途

名称	主要成分	性能	主要用途
锡青铜	铜、锡	良好的铸造性、耐磨性、抗腐蚀性	各种衬套、滑动轴承、抗磨垫、弹性零件、抗磁零件等

名称	主要成分	性能	主要用途
铝青铜	铜、铝	强度高、韧性好、疲劳强度高、受冲击后不产生火花；在大气、海水、碳酸及多数有机酸中有极好的耐腐蚀性	气门导管、轴承、弹簧、轴套、涡轮，以及在高压下工作的螺帽、齿轮等
铍青铜	铜、铍	综合力学性能高，良好的弹性、抗疲劳性、切削性能与焊接性能	常用于制造汽车上的波纹管、仪表膜盒及重要的弹簧和弹性元件，以及高温高速滑动轴承等耐磨零件
铅青铜	铜、铅	良好的减摩性	广泛用于浇铸高负荷及高速轴承等工件
硅青铜	铜、硅	良好的耐磨性、耐腐蚀性	弹簧、耐腐蚀零件、制动杆、齿轮等

（三）常用铜合金在汽车上的应用

常用铜合金在汽车上的应用见表1-7。

表1-7 常用铜合金在汽车上的应用

牌号	代号	应用
黄铜	H62	水箱进出水管、水箱盖、水箱加水口支座、散热器进出水管等
	H68	水箱储水室、散热器主片
	H90	排水管热密封圈外壳、散热器散热管及冷却管等
	HPb59-1	汽油滤清器滤芯、化油器零件、制动阀阀座等
	HSn90-1	转向节衬套、行星齿轮及半轴齿轮支承垫圈等
青铜	QSn4-4-2.5	活塞销衬套、发动机摇臂衬套等
	QSn3-1	水箱出水阀弹簧、车门铰链衬套等
	ZCuSn5Pb5Zn5	机油滤清器上下轴承等
	ZCuPb30	曲轴轴瓦、曲轴止推垫圈等

三、镁及镁合金

（一）工业纯镁

纯镁的化学性质很活泼，因此纯镁的冶炼比较困难，在工业上的应用也比较晚。纯镁的密度很小，只有 1.74 g/cm³。纯镁的熔点为 648.8℃，在熔化温度下极易氧化甚至燃烧。固态纯镁的晶体结构为密排六方晶格，冷变形能力很差，但高纯度镁具有一定的塑性变形能力，强度低，与铝较为相似。

（二）镁合金

采用镁合金制造零件是实现汽车轻量化的又一途径，尽管目前镁的价格较高，在汽车上的应用还较少，但汽车行业的从业者一直在关注镁，并不断探索镁的应用途径。镁合金是汽车行业应用潜力很大的轻金属。

镁合金分为铸造镁合金和变形镁合金两类。铸造镁合金的牌号用"ZM"加顺序号表示，如 ZM1、ZM3、ZM5 等；变形镁合金的牌号用"Mb"加顺序号表示，如 Mb1、Mb5、Mb7 等。

目前常用的镁合金包括镁-锰系合金、镁-铝-锌系合金、镁-锌-锆系合金等。

1.镁-锰系合金

镁-锰系合金中的主要合金元素是锰，其主要作用是改善纯镁的抗腐蚀性。当锰的质量分数在 13 %～25 %时，锰对合金的力学性能没有不利影响，但合金在海水中的抗腐蚀性却显著提高。

单纯的镁-锰系合金（如 Mb1）力学性能不高，且不能通过热处理强化，但通过加入少量的固定化学元素可提高力学性能，如在 Mb1 合金中加入少量（0.15 %～0.35 %）的铈。镁-锰系合金的抗腐蚀性和焊接性能优于其他镁合金。

2.镁-铝-锌系合金

与镁-锰系合金相比，镁-铝-锌系合金的主要特点是强度高，可以通过热处理强化，并具有良好的铸造性能。但抗腐蚀性没有镁-锰系合金好，屈服强度和耐热性较低。

镁-铝-锌系合金中的铝是主要合金元素，锌和锰是辅助元素。铝在镁中有较大的固溶度，固溶强化作用显著。锌的主要作用是补充强化，并能改善合金的塑性。锰的主要作用是提高合金的抗腐蚀性。

铝和锌在镁中的固溶度随温度的降低而减少，因此镁-铝-锌系合金可以进行热处理强化，但当铝的质量分数小于 10 %时，热处理强化效果不明显。

镁-铝-锌系变形镁合金 Mb2、Mb3 具有优良的热塑性变形能力和适中的焊接性能，主要用于生产形状复杂的锻件和热挤压棒材。

镁-铝-锌系铸造镁合金 ZM5 具有较好的铸造性能和良好的力学性能，是目前应用广泛的一种镁合金，主要用于制作形状复杂的大型铸件和受力较大的飞机及发动机零件。

3.镁-锌-锆系合金

镁-锌-锆系合金是近年来发展起来的一种高强度镁合金。与镁-铝-锌系合金相比，镁-锌-锆系合金的铸造性能较好，屈服极限较高，且热塑性变形能力大。因此，镁-锌-锆系合金可以用作高强度铸造合金和变形合金。常用的镁-锌-锆系合金有 ZM1、ZM2、Mb15 等。

镁-锌-锆系合金中的主要合金元素是锌和锆。锌的主要作用是固溶强化及通过热处理提高合金的屈服极限，锌的质量分数在 6 %时作用效果最佳。锆的主要作用是细化合金组织，提高合金的强度和屈服极限，改善合金的塑性和抗腐蚀性，提高合金的耐热性，锆的质量分数在 0.5 %～0.8 %时作用效果最佳。在合金中加锆的工艺复杂，且形成偏析的倾向较大。

第三节 典型汽车零件的选材

一、汽车齿轮的选材

齿轮是机械工业中应用较为广泛的重要零件之一，其主要作用是传递动力、改变运动速度和运动方向。齿轮的选材要从齿轮的工作条件、失效形式及其对材料的性能要求等方面综合考虑。汽车变速齿轮如图 1-9 所示。

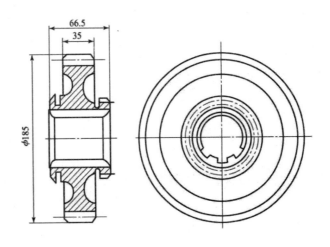

图 1-9 汽车变速齿轮

（一）汽车齿轮的工作条件

汽车齿轮主要分装在变速器和差速器中，在变速器中，齿轮的作用是改变发动机、曲轴和主轴齿轮的速比；在差速器中，齿轮的作用是增加扭矩，调节左右轮的转速。全部发动机的动力均通过齿轮传给主轴，推动汽车运行。所以，汽车齿轮受力较大，受冲击频繁，对其耐磨性、疲劳强度、芯部强度及冲击韧性等的要求比一般机床齿轮高。

汽车齿轮的工作条件和受力情况是较复杂的。由于传递扭矩，齿根承受很大的交变弯曲应力；当换挡、起动或咬合不均匀时，轮齿承受一定的冲击载荷。因加工和安装不当或齿、轴变形等引起的齿面接触不良，以及外来灰尘、金属屑等硬质微粒的侵入都会产生附加载荷而使齿轮的工作条件恶化。

（二）汽车齿轮的主要失效形式

汽车齿轮的主要失效形式如表 1-8 所示。

表 1-8 汽车齿轮的主要失效形式

失效形式	失效表现
疲劳断裂	主要从根部发生，这是齿轮最严重的失效形式，常常一齿断裂会引起数齿甚至所有齿断裂
齿面磨损	由于齿面接触区摩擦，使齿厚变小
齿面接触疲劳破坏	在交变接触应力作用下，齿面产生微裂纹，微裂纹的发展引起点状剥落（或称麻点）
过载断裂	主要是冲击载荷过大造成的断齿

（三）对汽车齿轮的性能要求

根据对汽车齿轮工作条件及其失效形式的分析，可以对汽车齿轮材料提出以下性能要求：

①弯曲疲劳强度高，特别是齿根处要有足够的强度。

②齿面硬度高，耐磨性好。

③芯部强度较高，有足够的冲击韧性。

④热处理变形小。

（四）典型汽车齿轮的选材

在我国，制造汽车齿轮应用最多的材料是合金渗碳钢 20Cr 或 20CrMnTi，该材料在使用时需要经过渗碳、淬火和低温回火等热处理强化。渗碳后，材料表面碳含量大大提高，能够保证材料在淬火后达到高硬度、高耐磨性和高接触疲劳强度。为了进一步提高齿轮的使用寿命，渗碳、淬火、低温回火后，还可以采用喷丸处理，增大表面压应力，有利于提高齿面和齿根的疲劳强度，并清除氧化皮。

合金渗碳钢齿轮的工艺路线一般为：下料—锻造—正火—切削加工—渗碳、淬火及低温回火—喷丸—磨削加工。

二、汽车轴类零件的选材

轴是汽车上的重要零件之一，主要用于支承传动零件（如齿轮、凸轮等）、传递运动和动力。根据轴类零件的工作条件和失效形式，人们对其材料提出以下性能要求：

第一，良好的综合力学性能，足够的强度、硬度、塑性和一定的韧性，以防止过载断裂和冲击断裂。

第二，较高的疲劳强度，对应力集中敏感性低，以防疲劳断裂。

第三，足够的淬透性，热处理后表面要有高硬度、高耐磨性，以防磨损失效。

第四，良好的切削加工性能，价格便宜。

轴类零件的选材既要考虑材料的强度，也要考虑材料的冲击韧性和表面耐磨性。因此，轴类零件一般用锻造或轧制的低、中碳钢或合金钢制造。

由于碳钢比合金钢便宜，并且有一定的综合力学性能，对应力集中敏感性低，所以一般轴类零件使用较多。常用的优质碳素结构钢有 35 号钢、40 号钢、45 号钢、50 号钢等，其中 45 号钢应用最为广泛。为改善碳钢的性能，这类钢一般要经过正火、调质或表面淬火热处理。

合金钢比碳钢具有更好的力学性能和热处理工艺性，但对应力集中敏感性较高，价格也较高，所以当载荷较大并要求限制轴的外形、尺寸和重量，或对轴颈的耐磨性要求较高时，可采用合金钢。常用的合金钢有 20Cr、40Cr、40CrNi、20CrMnTi、40MnB 等。

除了上述碳钢和合金钢，还可以采用球墨铸铁和高强度灰铸铁作为轴（特别是曲轴）的材料。

（一）汽车发动机曲轴的选材

曲轴是汽车发动机中的重要零件之一。汽车发动机曲轴的作用是输出动力，并带动其他部件运动。曲轴在工作中会受到弯曲、扭转、剪切、拉压、冲击及交变应力作用。曲轴的形状极不规则，应力分布极不均匀，曲轴颈与轴承还会发生滑动摩擦。曲轴的主要失效形式有疲劳断裂和轴颈严重磨损两种。根据曲轴的工作条件和失效形式，曲轴应具备以下性能：

①强度高，有一定的冲击韧性。

②足够的抗弯、扭转和疲劳强度。

③足够的刚度。

④轴颈表面有较高的硬度和耐磨性。

在实际生产中，按照制造工艺，可将汽车发动机曲轴分为锻造曲轴和铸造曲轴。锻造曲轴一般采用优质中碳钢和中碳合金钢制造，如 30 号钢、35 号钢、35Mn2、40Cr、35CrMo 等，经模锻、调质、切削加工后对轴颈部进行表面淬火。铸造曲轴主要由铸钢、球墨铸铁、珠光体可锻铸铁及合金铸铁等制造，如 ZG230-450、QT600-3、KTZ450-5、KTZ500-4 等。铸造曲轴经铸造、高温正火、高温回火、切削加工后对轴颈进行气体渗碳、淬火和回火处理。

（二）汽车半轴的选材

汽车半轴是驱动车轮转动的直接驱动零件，也是汽车后桥中的重要受力部件。汽车运行时，发动机输出的扭矩经过变速器、差速器和减速器传给半轴，再由半轴传给车轮，带动汽车行驶。半轴在工作时主要承受扭转力矩、交变弯曲及一定的冲击载荷。在通常情况下，半轴的寿命主要取决于花键齿的抗压陷和耐磨损的性能，但断裂现象也不时发生。载重汽车半轴最容易损坏的部位在轴的杆部和凸缘的连接处、花键端，以及花键与杆部相连的部位。这些部位发生损坏时，一般为疲劳断裂。

根据半轴的工作条件，要求半轴材料具有高的抗弯强度、疲劳强度和较好的韧性。汽车半轴是具有较高综合力学性能的零件，通常选用调质钢制造。中、小型汽车的半轴一般用 45 号钢、40Cr 制造；重型汽车的半轴采用 40MnB、40CrNi 或 40CrMnMo 等淬透性较高的合金钢制造。为提高半轴的疲劳强度，使其获得良好的综合力学性能，常采用调质处理，其高温回火工序采用快冷，防止出现回火脆性。为提高花键部位的硬度和耐磨性，需要进行表面淬火和低温回火。

（三）汽车弹簧的选材

弹簧是一种重要的机械零件，它的基本作用是利用材料的弹性和弹簧本身的结构特点，在载荷作用下产生变形时，把机械功或动能转变为形变能；在恢复变形时，把形变能转变为动能或机械功。弹簧的种类有很多，按形状分主要有螺旋弹簧、板弹簧、涡卷弹簧，如图1-10所示。不同的弹簧用途不同，如汽车、拖拉机、火车中使用的悬挂弹簧，主要起缓冲或减振的作用；汽车发动机中的气门弹簧，在外力去除后能自动恢复到原来位置，起到复位作用；钟表、玩具中的发条起储存和释放能量的作用。

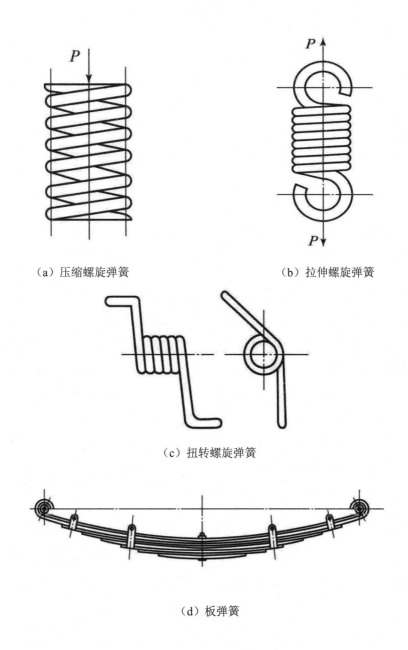

（a）压缩螺旋弹簧　　　　　　　　　　　　　（b）拉伸螺旋弹簧

（c）扭转螺旋弹簧

（d）板弹簧

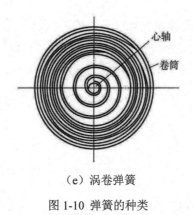

（e）涡卷弹簧

图 1-10 弹簧的种类

对弹簧材料的主要性能要求是：首先，具有高的弹性极限和高的屈强比；其次，具有较高的疲劳强度，以及一定的塑性和韧性。一些特殊弹簧还要求有良好的耐热性和耐腐蚀性。

中碳钢和高碳钢都可制作弹簧，但因其淬透性和强度较低，所以只能用来制造截面较小、受力较小的弹簧。合金弹簧钢可用来制造截面较大、屈服极限较高的弹簧。

1.汽车板簧的选材

汽车板簧用于缓冲和吸振，承受很大的交变应力和冲击载荷。其主要失效形式为刚度不足引起的过度变形或疲劳断裂。因此，对汽车板簧材料的要求是具有较高的屈服强度和疲劳强度。

汽车板簧一般选用弹性高的合金弹簧钢制造，如 65Mn、60Si2Mn 等。对于中型或重型汽车，板簧还采用 50CrMn、55SiMnVB 制造；对于中型载货汽车用的大截面板簧，则采用 55SiMnV 制造。

板簧的加工工艺路线为：热轧钢板冲裁下料—压力成形—淬火、中温回火—喷丸处理。喷丸强化处理是对板簧进行表面强化的重要手段，目的是提高板簧的疲劳强度。

2.气门弹簧的选材

气门弹簧是一种压缩螺旋弹簧，其用途是在凸轮、摇臂或挺杆的联合作用下，使气门打开和关闭。气门弹簧受力不大，可采用淬透性比较好、晶粒细小、有一定耐热性的 50CrVA 钢制造。气门弹簧的工艺路线为：冷卷成形—淬火、中温回火—喷丸处理—两端磨平。

（四）箱体类零件的选材

箱体类零件结构复杂，具有不规则的外形和内腔，且壁厚不均匀。箱体类零件包括各种机械设备的横梁、支架、底座、齿轮箱、轴承座、阀体、泵体等，在汽车上的应用主要有气缸体、气缸盖、变速箱壳体等。不同的箱体类零件的重量相差很大，从几千克到数十吨均有。其工作条件相差也很大，有的基础件以承受压力为主，如内燃机气缸体、气缸盖，并要求有较好的刚度和减摩性；有的要承受弯曲、扭转、拉压和冲击载荷，如汽车的驱动桥。总之，箱体类零件受力不大，但要求有良好的刚度和密封性。

根据箱体类零件的结构特点和使用要求，人们通常以铸件作为毛坯，以铸造性能良好、价格低廉，并具有良好的耐压性、耐磨性和减摩性的灰铸铁为主。对于质量要求不严格的一般内燃机的气缸盖、气缸体，可采用灰铸铁制造；对于受力复杂或受冲击载荷的零件，应采用铸钢、可锻铸铁或球墨铸铁制造。此外，风冷发动机、小轿车发动机的气缸体、气缸盖可选用重量轻、导热良好的铝合金制造。

（五）其他零件的选材

1.发动机缸套的选材

发动机的工作循环是在气缸内完成的。气缸内与活塞接触的内壁面直接承受燃气的冲刷，并与活塞存在一定压力的高速相对运动，使气缸内壁受到强烈的摩擦，从而造成磨损。气缸内壁的过量磨损是发动机大修的主要原因之一。因此，气缸的缸体一般采用普通铸铁或铝合金制造，而气缸工作面则用耐磨材料制成缸套镶入气缸。为了提高缸套的耐磨性，可以用镀铬、表面淬火、喷镀金属钼或其他耐磨合金等方法对缸套进行表面处理。

2.活塞组的选材

活塞、活塞销和活塞环等零件组成活塞组，与气缸体、气缸盖配合形成一个容积变化的密闭空间，以完成内燃机的工作过程。活塞组在工作中承受燃气作用力，并通过连杆将力传给曲轴输出。活塞组的工作条件十分苛刻，其通常在高温、高压燃气条件下工作，并在气缸内做高速往复运动，产生很大的惯性载荷。活塞在传力给连杆时，还承受着交变的侧压力。活塞材料需要具备热强度高，导热性好，吸热性差，膨胀系数小，减摩性、耐磨性、耐腐蚀性和工艺性好等性能要求。

铝合金的特点是导热性好、密度小；硅的作用是使膨胀系数减小，耐磨性、耐腐蚀性、硬度、刚度和强度提高。铝硅合金活塞需要进行固溶处理及人工时效处理，以提高表面硬度。

活塞销传递的力矩比较大，且承受交变载荷。这就要求活塞销材料有足够的刚度、强度及耐磨性，还要求其外硬内韧，同时具有较高的疲劳强度和冲击韧性。活塞销材料一般采用 20Cr、18CrMnTi 等低合金钢。活塞销表面应进行渗碳或液体碳氮共渗处理，以满足活塞销表面硬而耐磨、内部韧性好且耐冲击的要求。

活塞环材料应具有一定的耐磨性和韧性，以及良好的耐热性、导热性和易加工性等性能特点。目前活塞环材料一般多用以珠光体为基体的灰铸铁，或在灰铸铁的基础上添加一定量的铜、铬、钼及钨等合金元素的合金铸铁，也有的采用球墨铸铁或可锻铸铁。为了改善活塞环的工作性能，应对活塞环进行表面处理。目前应用最广泛的是镀铬，它可使活塞环的使用寿命提高 2～3 倍。其他表面处理方法还有喷镀、磷化、氧化和涂敷合成树脂等。

3.连杆的选材

连杆是汽车发动机中的重要零件，其作用是连接活塞和曲轴，并将活塞的往复运动转变为曲轴的旋转运动，把作用在活塞上的力传给曲轴以输出功率。

连杆工作时会受到复杂的拉、压应力的作用，还要承受气体做功时的冲击载荷。其主要失效形式是疲劳断裂和过量变形。因此，连杆材料必须具有良好的综合力学性能及高的疲劳强度。

通常连杆材料选用综合力学性能好的中碳钢和中碳合金钢，如 40Cr、40MnB 等。合金钢虽具有很高的强度，但对应力集中很敏感。因此，在连杆的外形设计、过渡圆角的处理等方面必须执行严格的标准，并且需要注意表面加工质量，以提高疲劳强度，否则高强度合金钢的应用将无法达到预期效果。

4.气门的选材

气门的主要作用是打开和关闭进、排气道。气门工作时，需要承受较高的机械负荷和热负荷。另外，气门头部还承受气体压力以及落座时因惯性力而产生的相当大的冲击。气门经常出现的故障有：气门座扭曲、气门头部变形、因气门座表面积炭而导致的气门烧蚀。

对气门的主要要求是保证燃烧室的气密性。气门材料应选用耐热、耐腐蚀、耐磨的材料。因为进、排气门的工作条件不同，故其材料的选择也不同。进气门一般采用 40Cr、

35CrSi、38CrSi、35CrMo、42Mn2V 等合金钢制造，而排气门则要求用高铬耐热钢制造。

5.汽车冷冲压零件的选材

在汽车零件中，冷冲压零件种类繁多，占总零件数的 50%～60%，如车身、纵梁、翼子板等都是冷冲压零件。汽车冷冲压零件采用的材料有钢板和钢带，钢板包括热轧钢板和冷轧钢板。

热轧钢板主要用来制造一些承受一定载荷的结构件，如保险杠、制动盘、纵梁等。这些零件不仅要求钢板具有一定的刚度、强度，还要求钢板具有良好的冲压成形性能。冷轧钢板主要用来制造形状复杂、受力较小的机械外壳、驾驶室车身等覆盖零件。这些零件对钢板的强度要求不高，但要求钢板具有优良的表面质量和良好的冲压性能，以保证成品合格率。

近年开发的薄钢板（高强度钢板）具有加工性能良好、屈服强度高、抗拉强度高的特点，可降低汽车自重，提高燃油经济性，因此在汽车上获得广泛应用。高强度钢板已用于制造横梁、边梁、保险杠、车顶、车门、后围、行李箱和发动机罩等。

第二章 现代汽车框架结构的非金属材料

第一节 塑料、橡胶

一、塑料

塑料是由低分子化合物通过聚合或缩聚反应而合成的高分子化合物,在常温下呈固态、半固态或半流动态的有机物质。塑料在受热时会变软,在外力作用下可呈塑性流动状态。随着汽车轻量化不断发展,塑料在汽车上的应用范围不断扩大。

(一) 塑料的性能、组成与分类

1.塑料的性能

树脂可分为天然树脂和合成树脂两大类。合成树脂是由人工合成的一类高分子量的聚合物的总称,它最重要的应用是制造塑料。

塑料是以树脂为基础原料,加入各种助剂、增强材料和填料,在一定温度、压力下加工或交联固化而得到的高分子固体制品或材料。

树脂与塑料的区别为:树脂是指加工前的原始聚合物,塑料则是指加工后的一种合成材料及制品。在制造塑料时,为了便于加工或改善性能,常在合成树脂中添加各种助剂,使其定型。

汽车上很多零件使用的材料是塑料,塑料具有如下优良的特性:

（1）密度小

塑料的密度通常为 1.0～2.0 g/cm³，约为钢的 1/6，铝的 1/2。这对减轻车辆、飞机、船舶等运输工具的自重具有重要意义。

（2）电绝缘性

大多数塑料具有良好的电绝缘性和较小的介电损耗，是理想的电绝缘材料。

（3）耐腐蚀性

大多数塑料的化学稳定性好，对酸、碱、盐都具有良好的抗腐蚀能力。

（4）消声和隔热性好

塑料具有优良的消声隔热作用，泡沫塑料可以用作隔音、保暖材料，塑料机械零件可以减少噪声，提高运转速度。

（5）减摩性好

大部分塑料摩擦系数小，具有自润滑能力，可以在湿摩擦和干摩擦条件下有效地开展工作。

（6）良好的工艺性能

大部分塑料都可以直接采用注塑或挤压成形工艺，无须切削，因此生产效率高、成本低。

塑料的不足之处是强度、硬度低，耐热性差，膨胀系数大，受热易变形、易老化、易蠕变。

2.塑料的组成

除了个别塑料由纯树脂组成，大多数塑料的组成成分是合成树脂和添加剂。添加剂包括填料、增强材料、增塑剂、稳定剂、固化剂（硬化剂）、着色剂、润滑剂、阻燃剂、发泡剂。加入添加剂的目的是改善塑料的加工成形性能、制品的使用性能及降低成本等。塑料的组成见表 2-1。

表 2-1 塑料的组成

组成	说明
合成树脂	它是塑料的组成部分，占塑料全部组分的 40 ％～100 ％。树脂的性能直接关系到物料加工成形的过程和成品的性能，其影响因素有分子量分布、颗粒结构、粒度、结晶度、密度、水分、低分子量挥发物含量等

组成	说明
填料（填充剂）	填料是一种化学性质比较稳定的惰性材料，是制造压塑粉的主要原料之一。它的作用是提高塑料的机械强度，降低成本，改善性能。常用的填料有高岭土、石膏、碳酸钙、滑石粉、炭黑、氧化锌、石棉、云母、木屑及各种金属粉末等
增强材料	增强材料是纤维组织，是制造增强塑料的主要原料之一。常用的增强材料有玻璃纤维、棉纤维、石棉布，以及在一些新型高强度塑料中应用的碳纤维、石墨纤维等。增强材料能显著提高塑料的强度。工业上常用的玻璃钢就是由一些树脂，如聚酯、酚醛树脂、环氧树脂和玻璃纤维配合而成的
增塑剂	凡能增加树脂体系塑性的物质，均可被称为增塑剂。增塑剂可渗透到高聚物链段之间，削弱聚合物链间的作用力，从而使聚合物分子链在一定温度和压力下运动起来，降低玻璃化温度，增加聚合物的可塑性、流动性和柔软性，改善加工性能。增塑剂的用量一般不超过 30%
稳定剂	稳定剂的作用主要是防止在塑料成形过程中高聚物受热分解，或在长期使用过程中，受光和氧的作用而老化降解。因此，稳定剂分为热稳定剂、光稳定剂
固化剂（硬化剂）	固化剂是指与树脂中的不饱和键或反应基团相互作用而使树脂固化的物质。一般热固性树脂在成形前必须加入固化剂，以促使塑料的线形或网状的分子结构相互交联，形成网状或立体结构。为了加速固化，常与促进剂配合使用
着色剂	着色剂是指能够改变塑料固有颜色，而使塑料制品具有各种鲜艳色彩的物质。工程塑料也必须按照一定的要求加以着色，以改进其性能或作为特殊的标志。着色剂有无机颜料和有机颜料等
润滑剂	润滑剂是改善塑料在加工成形时的流动性和脱模性的物质。它的作用是在塑料成形过程中附着在材料表面，以防止粘住设备和模具，进而增加流动性，使塑性制品表面光亮美观。常用的润滑剂有硬脂酸盐、石蜡等
阻燃剂	大多数塑料是可以燃烧的，这就限制了它在各个工业部门中的应用。若在塑料中加入含磷、氧、溴的原子基团等物质，则可提高塑料的抗燃烧能力。这样的物质就称为阻燃剂
发泡剂	发泡剂是指能使塑料形成微孔结构或蜂窝状结构的物质。常用的发泡剂有碳酸氢钠、碳酸铵、亚硝酸铵、偶氮化合物、亚硝基化合物、卤代烃、氨气和二氧化碳等

稳定剂和润滑剂是塑料中必须加入的添加剂，其他组分则根据塑料种类和用途的不同而有所增减。例如聚乙烯塑料不需要加增塑剂，而软聚氯乙烯塑料需要加大量的增塑

剂。在潮湿环境中使用的塑料制品中还应加防霉剂。

3.塑料的分类

塑料品种繁多，每一品种又有多种牌号，为便于认识和使用塑料制品，以下两种为常用的塑料分类方法：

（1）按热性能和成形特点分类

按热性能和成形特点分类，塑料可分为热塑性塑料和热固性塑料。

热塑性塑料是以加聚或缩聚树脂为基体，加入少量稳定剂、润滑剂、填料制取而成的。热塑性塑料的分子结构是链状的线形结构。热塑性塑料的工艺性能特点是受热时软化，便于塑造成形，冷却后变硬，可反复操作，且基本性能不变。热塑性塑料的优点是成形工艺简便，具有较高的力学性能；缺点是耐热性和刚性较差。

目前，无论是品种、质量还是产量，热塑性塑料都已超过热固性塑料，成为工程塑料中的主要材料。常见的热塑性塑料有聚乙烯、聚丙烯、聚氯乙烯、聚苯乙烯等。

热固性塑料大多是以缩聚树脂为基料，加入填料、固化剂及各种添加剂制取而成的。它的工艺性能特点是：在一定温度下，经过一定时间的加热后加入固化剂，即可固化成形。固化后的塑料质地坚硬、性质稳定，不再溶于溶剂中，也不能用加热方法使它再软化。

热固性塑料的优点是耐热性较好、受压不易变形等；缺点是力学性能差，但可以通过添加填料增加强度。常见的热固性塑料有酚醛塑料、氨基塑料、有机硅塑料等。

（2）按塑料使用的特点分类

按塑料使用的特点分类，塑料可分为通用塑料、工程塑料和功能塑料。

通用塑料原料来源丰富、产量大、应用面广、价格便宜、加工成形容易。通用塑料包括聚乙烯、聚丙烯、聚氯乙烯、聚苯乙烯、酚醛、氨基六大常用塑料。

工程塑料综合性能优良，但价格较贵，产量较少。工程塑料包括聚酰胺、聚碳酸酯、ABS（Acrylonitrile Butadiene Styrene，丙烯腈-丁二烯-苯乙烯）塑料、聚砜、氯化聚醚、聚苯醚、聚酯等。

功能塑料具有某种突出的物理功能，如耐高温、耐烧蚀、耐辐射、导电、导磁等，功能塑料包括有机硅、氟塑料、聚酰亚胺、聚苯硫醚、聚芳砜等。

（二）常用塑料的品种、性能和用途

目前，已工业化的塑料有 300 多种，常用的有 60 余种，各具不同的性能和用途。

1.热塑性塑料

（1）聚苯乙烯

聚苯乙烯是无色透明、易着色、介电性能和耐辐射性能良好的刚性材料，但质脆而硬、不耐冲击、耐热性低、耐有机溶剂性能较差。它主要用来生产注塑制品，并广泛用作仪表包装防震材料、隔热和吸音材料。

（2）聚甲基丙烯酸甲酯（俗称有机玻璃）

聚甲基丙烯酸甲酯的特点是透光性能优良，可见光透过率为 92 %，紫外光透过率为 73.5 %。聚甲基丙烯酸甲酯的透光率优于其他透明塑料和普通硅玻璃，强度比普通玻璃高 7～8 倍，但它的价格比硅酸盐玻璃高，所以主要用于制造飞机的窗玻璃和座舱罩，以及汽车的尾灯罩、指示灯罩等。

（3）聚甲醛

聚甲醛是高度结晶的热塑性塑料，具有优良的综合性能。它突出的优点是刚性高、硬度大、耐蠕变性和耐疲劳性好。另外，它的强度和冲击性能良好，并且容易加工成形。其缺点是阻燃性较差。聚甲醛的产量仅次于尼龙和聚碳酸酯，主要用来制造阀件、泵、水槽等管件材料，以及汽车零件、齿轮、轴承等，在众多领域中，聚甲醛是能代替钢、锌、铅、铜等金属材料的优良材料。

（4）聚酰胺（俗称尼龙）

聚酰胺是不透明或半透明的角质状固体，表面光亮度良好，无味、无毒，抗霉菌，具有强度高、耐摩擦、自润滑、电绝缘性好、耐弱酸碱和一般溶剂及透氧率低的特点，但对强酸、强碱、酚类等抵抗力较差。此外，聚酰胺热导率低、热膨胀系数大，有冷流性及较大的吸水性和收缩率。

在汽车上，聚酰胺主要用于制造汽油箱盖、遮阳板支架、燃油滤清器盖、汽车牌照框架、散热器水箱、车轮罩、燃油管道、转向柱套、门外侧手柄、飞轮盖等。

2.热固性塑料

（1）酚醛塑料

酚醛塑料是热固性塑料中产量最大的品种，其特点是机械强度高，坚硬耐磨，性能稳定，抗蠕变性优于许多热塑性工程塑料；耐热性较高，在水润滑条件下具有极低的摩擦系数；电性能优良，吸湿性差；耐腐蚀性好，能耐强酸之外其他化学介质的侵蚀；尺寸稳定，不易变形，且价格便宜。其缺点是质地较脆，颜色较深，耐光性差，特别是加工性差，只能模压。它主要用作绝缘材料，可制造电气开关、灯头、线路板等，在航天工业中作为烧蚀材料以隔绝热量防止金属壳层熔化。

（2）氨基塑料

氨基塑料的特点是无色、硬度高、制品表面光洁、耐电弧。氨基塑料包括脲醛塑料和三聚氰胺甲醛塑料。脲醛塑料主要用于制造各种颜色鲜艳的日用品（如纽扣、瓶盖等）、民用电器、食具等。三聚氰胺甲醛塑料主要用于制造耐电弧、防爆的电器，以及电动工具绝缘配件，耐沸水食具等。

（3）有机硅塑料

有机硅塑料是由硅树脂与石棉、云母或玻璃纤维等配制而成的。有机硅塑料具有优良的电绝缘性和卓越的耐高低温性，可在300℃下长期使用。

（4）聚氨酯

聚氨酯具有优良的低温性能，耐油和耐化学药品，易于成形，是很好的隔热保温和吸音、防震材料。

（5）不饱和聚酯

不饱和聚酯的主要优点在于可在常温、常压下固化，因此可用于制造大型制件，如汽车外壳、火车门窗、汽艇外壳、化工容器、雷达罩等。

（三）塑料在汽车上的应用

1.汽车对塑料的性能要求

汽车对塑料的性能要求见表2-2。

表2-2 汽车对塑料的性能要求

力学性能	要求具有一定的抗拉强度、抗压强度、剪切强度和冲击强度
热学性能	要求具有一定的耐热性。塑料的性能受高温影响很大，高温下性能降低，低温下易发生脆化
长期使用性能	要求具有抗蠕变性能

续表

尺寸稳定性	要求在使用过程中尺寸稳定。塑料比金属材料收缩率大,固化后达到稳定尺寸也需要一定时间

2.塑料在汽车结构件和内外装件上的应用

塑料在汽车结构件和内外装件上的应用,主要是为了满足汽车轻量化、提高安全性、节约能源、降低生产成本等要求。

目前,许多通用塑料、工程塑料都能在不同程度上替代钢、铜、不锈钢、铝合金、无机玻璃等材料,用来制作汽车结构件或内外装件,其中,又以聚丙烯、聚氯乙烯、聚乙烯、ABS等最为常用。表2-3列举了用来制作汽车结构件和内外装件的塑料品种及其应用实例。

表2-3 用来制作汽车结构件和内外装件的塑料品种及其应用实例

塑料名称	应用实例
聚丙烯、玻纤增强聚丙烯、无机填料增强聚丙烯、电镀级丙烯	车厢、发动机舱、车身、取暖及通风系统、水箱面罩、灯壳、工具箱、备胎罩、电瓶、电线接线柱、接线盒盖、消声器等
聚氯乙烯、氯化聚氯乙烯、玻纤增强聚氯乙烯、热固性低发泡聚氯乙烯	转向盘、保险杠套、货车地板、汽车顶盖内衬、后盖板表皮、操作杆盖板、备胎罩、窗玻璃升降器盖、电线包覆层等
低密度聚乙烯、高密度聚乙烯、超高分子量聚乙烯	汽油箱、挡泥板、行李箱垫、空气导管、储罐等
高抗冲ABS、超高抗冲ABS、高刚性ABS、电镀ABS、透明ABS、氯化共混ABS	百叶窗、车轮罩、后挡泥板、收音机罩、空气排气口、调节器手柄、格栅、后护板、上通风盖板、支架、镜框等
有机玻璃、珠光有机玻璃、甲基丙烯酸甲酯共聚模塑料	窗玻璃、车灯玻璃、仪表玻璃、反光镜、窥镜、油标、罩盖等
尼龙-6、尼龙-66、尼龙-1010、玻纤增强尼龙、MC尼龙	保险杠、汽车牌照框架、汽油箱盖、头枕支架、遮阳板支架、侧裙、燃油滤清器盖、进气口外板、车轮罩、散热器水箱、后端板、燃油管道、气制动管道、泵壳、接线柱、熔断器壳、轴承架、刮水器齿轮、门外侧手柄、飞轮盖等

塑料名称	应用实例
聚碳酸酯、玻纤增强聚碳酸酯	窗玻璃、保险杠、信号灯玻璃、灯具、遮阳板、风扇等
PBT、玻纤增强 PBT、阻燃 PBT、发泡 PBT、PET、玻纤增强 PET	发动机罩壳、车牌支架、安全带、气泵壳体、燃油泵壳体、油箱、车尾板、前挡泥板延伸部分、开关接插件、点火线圈架和外壳、接线柱座、分电器盖、电气接线盒、空调器阀门、调速器电缆连接管、废气净化系统阀门、车轴连接杆、天线杆、操作杆手柄、调速器盖等
反应注射成形聚氨酯（RIM）	保险杠、散热器格栅、扰流板、翼板等
氟塑料及其复合材料	活塞环、各种垫片、垫圈、阀座、轴承、滑块等

3.塑料在汽车软饰件上的应用

塑料在汽车软饰件上的应用，主要是为了满足汽车饰件的安全、美观及舒适性等要求。这就要求塑料不仅要具有优良的耐热、耐老化性能和一定的机械强度，还要满足轻量化、手感好、成形工艺简便、使用寿命长等要求。汽车典型塑料软饰件见表 2-4。

表 2-4 汽车典型塑料软饰件

内饰件名称	塑料名称
座椅、头枕	聚氨酯泡沫塑料
扶手、仪表盘缓冲垫	聚氨酯泡沫塑料、聚氯乙烯
仪表盖板、前柱饰条、控制箱体	ABS
仪表盘托架、车门饰板芯材、制动手柄、中后支柱装饰条	聚丙烯
转向盘	聚丙烯、聚氨酯
车门内饰板表皮、车顶内饰表皮	聚氯乙烯
车顶内饰托架	聚丙烯、聚苯乙烯

二、橡胶

（一）橡胶的性能、组成与分类

1.橡胶的性能

橡胶是具有高弹性的轻度交联的线性高聚物，由于其特有的高弹性能，因此也被称为弹性体。橡胶的特性如下：

①在-50℃～150℃的温度范围内，能保持很好的弹性，稍加外力就可使其产生很大的变形，外力去除后又恢复原状。

②具有一定的机械强度和优异的疲劳强度。

③具有不透气性、不透水性、耐磨性、电绝缘性等优良性能。

④具有缓冲、吸振的特性。

由于橡胶所具有的优越性能，以及橡胶与其他材料（如纤维、金属）结合的复合材料呈现的特性，橡胶被广泛用于制造轮胎、胶带、胶管、胶鞋、减振制品和密封制品等。

汽车上所使用的橡胶零部件，除了承受振动和冲击，还遇到温度变化、介质侵蚀及部件老化等问题，结合汽车的使用环境和工作条件，汽车对橡胶的性能要求见表2-5。

表 2-5 汽车对橡胶的性能要求

力学性能	在汽车上使用各种橡胶零件，主要是利用橡胶的弹性，使之具有减振、缓冲或密封作用。所以，橡胶必须具有一定的机械强度和良好的弹性，耐疲劳性能好，在长期使用情况下不改变其应用的性质
工作温度	橡胶的缺点之一是使用温度偏低。一般硫化橡胶只能在不超过100℃的温度下使用；比较好的橡胶，如硅橡胶、氟橡胶等，使用温度为200℃～300℃。橡胶的力学性能随温度的升高而降低。为了提高橡胶零件的使用寿命，在使用中要根据使用环境和工作温度，选用具备相应耐热性能的橡胶品种
介质影响	许多橡胶零件在使用过程中，要经常接触各种腐蚀性介质，如油类、溶剂、酸、碱等。不同品种的橡胶，抵抗介质侵蚀的能力也有所不同，使用时要选择合适的胶种，使其在应用环境中有良好的物理机械性能
老化性能	老化是使用橡胶制品中的突出问题，直接关系到橡胶制品的使用寿命，在制造橡胶零件、使用胶料时必须加以考虑

2.橡胶的组成

橡胶制品以生胶为基础，并加放适量的配合剂和增强材料组成高弹性状态的高分子材料，见表2-6。

表2-6 橡胶的组成

生胶：未加配合剂的天然橡胶或合成橡胶，被称为生胶。生胶是橡胶制品的主要组分，它决定橡胶的性能，还能把各种配合剂和增强材料黏结成一体		
配合剂：加入配合剂的主要目的是提高橡胶制品的使用性能和工艺性能	硫化剂和硫化促进剂：使具有极大的可塑性的胶料变为富有弹性的硫化胶	
	增塑剂：增强橡胶的塑性，改善加工工艺性能，提高胶料的物理机械性能	
	防老化剂：防止橡胶老化，提高使用寿命	
	填充剂：提高橡胶的强度，降低成本	
增强材料：加入增强材料的主要目的提高橡胶的力学性能，如强度、硬度、耐磨性和刚性等		

3.橡胶的分类

（1）按原料来源分类

①天然橡胶：是从植物（如橡胶树等含胶植物）中采集的一种高弹性物质，经过一定的处理和加工，包括去杂质、净化、凝固、水洗、压片等工艺加工制成的。

天然橡胶的品种有很多，除了天然胶乳，干胶中的烟片胶、白绉片胶、褐绉片胶和其他品种的天然橡胶的主要成分为橡胶烃。

②合成橡胶：是以石油、天然气等物质中所得的低分子不饱和烃作为原料，经聚合反应而成的。合成橡胶原料来源丰富、成本低廉，目前产量已超过天然橡胶。

（2）按用途分类

①通用橡胶：主要品种有丁苯橡胶、氯丁橡胶和丁腈橡胶等。

②特种橡胶：是主要用于高温、低温、酸、碱、油和辐射介质条件下的橡胶制品，主要品种有乙丙橡胶、硅橡胶和氟橡胶等。

（二）常用橡胶品种、性能和用途

1.天然橡胶

天然橡胶在常温下具有高弹性，加热后逐渐变软。升温到130℃～140℃时，天然橡胶开始软化；升温到150℃～160℃时，天然橡胶变黏，出现熔融状态；当温度上升至200℃时，天然橡胶开始分解；当温度上升至270℃时，天然橡胶急剧分解。若温度下降，橡胶会慢慢变硬，弹性也会逐渐降低。温度降至0℃时，天然橡胶的弹性明显减小；冷却到-72℃以下时，天然橡胶变成脆性固体。

天然橡胶有优良的综合性能，其弹性、耐寒性与加工性更为优越；缺点是不耐老化，耐油性和耐溶剂性较差，易燃烧。天然橡胶具有广泛的用途，大量用于制造各类轮胎（尤其是子午线轮胎和载货汽车轮胎），以及胶管和橡胶工业制品。此外，天然橡胶还用于制造胶鞋、日常生活用品及医疗卫生制品等。

2.合成橡胶

合成橡胶的品种、性能与应用见表2-7。

表2-7 合成橡胶的品种、性能与应用

类别（按性能和用途）	性能与应用	品种
通用合成橡胶	与天然橡胶性能相同或接近，力学性能和加工性能较好，能广泛用于制造轮胎和其他一般橡胶制品	丁苯橡胶、顺丁橡胶、异戊橡胶、氯丁橡胶
特种合成橡胶	具有特殊性能，专门用于制作耐热、耐寒、耐化学腐蚀、耐溶剂、耐辐射等特种橡胶制品	聚氨酯橡胶、乙丙橡胶、氟橡胶、硅橡胶

（1）通用合成橡胶的性能和一般用途

①丁苯橡胶

丁苯橡胶是目前合成橡胶中产量和消耗量较大的通用合成橡胶。丁苯橡胶具有良好的平衡综合性能，在一定条件下具有较高的耐磨耗性能。在某种程度上，丁苯橡胶的耐候性、耐热性及耐油性等优于天然橡胶。但其弹性、耐寒性、耐屈挠性、耐撕裂性和黏着性比天然橡胶差，工艺加工性能不如天然橡胶，且由于丁苯橡胶的硫化反应速度较慢，硫化促进剂用量较大。

丁苯橡胶可以代替天然橡胶使用，也可与天然橡胶并用。丁苯橡胶主要用于制造轮胎，也可用于制造胶带、胶管、胶辊、胶布、电缆和其他橡胶工业制品，还可用于制造胶鞋及日常生活用品等。

②顺丁橡胶

顺丁橡胶的消耗量仅次于丁苯橡胶和天然橡胶。顺丁橡胶具有很高的弹性、良好的耐低温性，耐磨耗性能优异，滞后损失小，生热性低，耐老化性好，且生产成本较低。但顺丁橡胶的抗张强度比天然橡胶和丁苯橡胶都低，撕裂强度较差，工艺加工性能的黏着性能较差，冷流性较大，对生胶的包装、储存和半成品的停放有较高的要求。以上不足之处可以通过与其他橡胶并用得以改善。

顺丁橡胶大部分用于制造轮胎，还可以用来制造耐磨性制品，如胶带、胶辊、胶鞋等，也可制造耐寒性制品。

③异戊橡胶

异戊橡胶的性能与天然橡胶十分相近，故异戊橡胶又被称为合成天然橡胶。

在综合性能方面，异戊橡胶被认为是当前合成橡胶种类中表现最佳的。在力学性能方面，异戊橡胶的耐屈挠龟裂性、电绝缘性、生热性、耐水性与耐老化性优于天然橡胶，而强度、硬度比天然橡胶略差，且冷流性及伸长率都较大，成本较高。

异戊橡胶的用途与天然橡胶相似，可用于制造轮胎的胎面胶、胎体胶、胎侧胶、胶带、胶管、胶鞋、工业制品、浸渍制品和医疗制品等。

④氯丁橡胶

氯丁橡胶的力学性能与天然橡胶相似，其生胶抗张强度较高。氯丁橡胶的耐老化性能优越，耐候性和耐臭氧性能优良，耐热性能良好，耐油性能良好（仅次于丁腈橡胶），并具有难燃性和自熄性，气密性较好。其不足之处是储存稳定性差，电绝缘性较差，加工时对温度的变化比较敏感，耐寒性能较差。

氯丁橡胶广泛用于制造各种橡胶制品，如轮胎胎侧、耐油及耐腐蚀的胶管、汽车和拖拉机的配件、胶辊、电线电缆外皮、门窗密封条等。

（2）特种合成橡胶的性能和一般用途

①聚氨酯橡胶

聚氨酯橡胶的特性是强度高，耐磨耗性能较其他橡胶好，具有优异的弹性、耐老化性、气密性、耐油性和耐溶剂性。不足之处是耐水性差，尤其是聚酯聚氨酯橡胶，在高温时遇到酸、碱的情况下，更不能与水接触。聚氨酯橡胶主要用于制造胶带、耐油胶管、胶辊及耐磨耗工业橡胶制品。

②乙丙橡胶

乙丙橡胶耐老化性能优异，耐臭氧性能特别好，耐候性能优越。它还具有优良的电绝缘性和耐化学腐蚀性，以及较好的弹性。不足之处是硫化速度慢，与其他不饱和橡胶并用困难，自黏性和互黏性较差，加工性能也较差。

乙丙橡胶是制造耐热运输带、蒸汽胶管及耐化学腐蚀的密封件的良好材料，也可用于制作电线、电缆及汽车零件（如垫片、密封条、散热器胶管等）。由于耐老化性能好，因此乙丙橡胶是制作建筑防水材料的理想材料。

③氟橡胶

氟橡胶的突出特性是耐热氧老化性能极好，耐高温性能、耐化学腐蚀性能和耐油性能优异。不足之处是耐寒性差，抗张强度随温度升高而下降，工艺加工性能差，价格昂贵。

氟橡胶多用于国防工业部门，如制作各种耐高温、耐油、耐化学腐蚀的密封材料等，也用于化学工业、机械、制造、电气等部门。

④硅橡胶

硅橡胶有优越的耐高低温性能，可在-100℃～300℃的温度内保持弹性。硅橡胶还具有优异的耐臭氧老化性能、耐热氧老化性能和耐候老化性能，以及优良的电绝缘性能，并具有优良的生理惰性。不足之处是常温下其硫化胶的抗张强度、撕裂强度、耐磨耗性能较低，耐化学药品性差，价格昂贵。硅橡胶主要应用于工业及航空事业上，在医疗卫生方面也有一定的应用。

（三）橡胶制品在汽车上的应用

橡胶是汽车制造常用的一种重要材料。橡胶材料在汽车制造所用的非金属材料中占有重要地位，是其他材料难以替代的。每辆汽车有数百个橡胶件，总重为几十千克，占整车自重的3%～6%。其中轮胎约占橡胶件总重的70%，可见，轮胎是汽车的主要橡胶件。此外，汽车上还有各种橡胶配件，如胶管、胶带等。

1.汽车上常用橡胶的特性及用途

常用橡胶性能及一般用途见表 2-8。

表 2-8 常用橡胶性能及一般用途

类别	名称	抗拉强度/MPa	延伸率	适用温度/℃	抗撕性	耐磨性	回弹性	耐油性	耐碱性	耐老化	加工性	价格	特殊性能	用途举例
通用橡胶	天然橡胶	25～30	650%～900%	-54～70	好	中	好	差	好	中	好			绝缘、防震	通用制品、轮胎
	丁苯橡胶	15～20	500%～800%	-45～100	中	好	中		好	中	差		高	耐磨	通用制品、轮胎、胶版、胶布
	顺丁橡胶	18～25	450%～800%	-70～100	中	好	好		好	中				耐磨、耐寒	轮胎、耐寒运输带
	异戊橡胶	20～27	600%～900%	-55～70	好	好	好	差	好	中	差		高	绝缘、耐水	胶管、胶带
	氯丁橡胶	25～27	800%～1 000%	-40～120	好	中	中	好	好	好			高	耐酸、耐碱、耐燃	胶管、电缆、胶黏剂、汽车门窗嵌条
	丁基橡胶	16～21	650%～800%	-40～130			好	好		好				气密、耐酸碱	内胎、水胎
	丁腈橡胶	15～30	300%～800%	-10～120	中	中	中	好		中				耐油、耐水、气密	油管、耐油密封垫圈
特种橡胶	聚氨酯橡胶	20～35	300%～800%	-30～70	好	好	中	好	差					耐磨	实心轮胎、胶辊、耐磨件
	乙丙橡胶	10～25	400%～800%	-50～130	好	中	中		好	好				耐水、绝缘	汽车配件、散热管、耐热胶管、绝缘件

续表

类别	名称	抗拉强度/MPa	延伸率	使用温度/℃	抗撕性	耐磨性	回弹性	耐油性	耐碱性	耐老化	加工性	价格	特殊性能	用途举例
特种橡胶	氟橡胶	20～22	100%～500%	-10～280	中	中	中	好	好	好			高耐油、耐碱、耐热、耐真空	高级密封件、高真空橡胶件
	硅橡胶	4～10	50%～500%	-100～250	差	差	差			好		高	耐热、绝缘	耐高温绝缘件、印模
	丙烯酸酯橡胶	8～14	300%～800%	-10～180	中	良		好	中	好			耐油、耐热、耐老化	油封、皮碗、火花塞护套

2.典型汽车橡胶配件举例

汽车橡胶配件主要有各种胶管、传动带、油封及高压密封、窗玻璃密封条等。这些橡胶配件应用于汽车各种部位，数量虽然不大，但对汽车的质量与性能起着相当重要的作用。

（1）胶管

每辆汽车中所用的胶管有几十种，总长约 30 m，用胶量达到 10～20 kg。胶管用于汽车上的燃油、制动、冷却、空调等系统中，包括水、气、燃油、润滑油、液压油等的输送管。其中，液压制动胶管、气压制动胶管、其他制动胶管、水箱胶管、动力转向胶管、离合器液压胶管等是汽车上重要的机能体。

胶管按结构可分为纯胶管、夹布胶管和编织胶管；按耐压性能可分为低压管、高压管和真空管。

（2）胶带

汽车上用的胶带大多是无接头的环形带。车用胶带主要是 V 形带，通常有三种，即包布 V 带、切割 V 带和多楔 V 带。切割 V 带应用较为广泛，它的两侧没有包布，屈挠性好，摩擦系数大，具有受力大、散热性及耐疲劳性良好和节能等特点。

汽车的偏心轴等的传动带多采用齿形 V 形带，因其具备传动速度准确、耐高速、噪声低、使用时间长等特点。

（3）橡胶密封件

橡胶品种繁多，是制造密封件的主要材料，为了改善橡胶的性能，可以掺用塑料。塑料还可用作橡胶密封件的附件，如支承环、挡圈、缓冲圈和磨损调整圈等。

橡胶密封件主要有 O 形圈、油封和皮碗，虽然结构简单，但关系到汽车各部件的工作性能是否正常发挥。所以，橡胶必须具有很好的机械强度，以及优良的耐热性、耐油性等。

（4）橡胶防震配件

汽车行驶时各部分的振动，会影响汽车的舒适性。为降低汽车振动噪声，可在各处采用防震橡胶，如发动机支承、轴套、橡胶耦合器等。典型汽车防震橡胶的结构形式举例如下：

①块状防震橡胶：汽车中使用的防震橡胶都是块状的，块状防震橡胶大都由防震橡胶和金属底板黏结在一起制成，如图 2-1 所示。

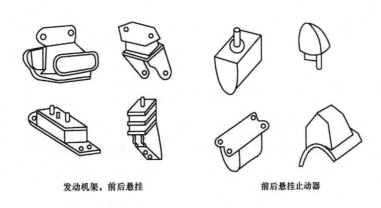

发动机架，前后悬挂　　　　　　　前后悬挂止动器

图 2-1 块状防震橡胶

防震橡胶的形状及结构是经过精密计算或试验确定的，所以不能任意改动它的结构尺寸，安装时也要注意安装部位和角度的准确性。

②橡胶弹簧：橡胶弹簧是辅助汽车钢板弹簧工作的。在主钢板弹簧位移大时，载荷进一步增加，主弹簧和辅助弹簧共同发生作用。橡胶弹簧的外形如图 2-2 所示，橡胶弹簧的截面结构如图 2-3 所示。橡胶弹簧是一个中空的橡胶制件，在汽车中用于钢板弹簧的上端。钢板弹簧变形至一定程度即接触橡胶弹簧，并与之共同作用，从而提高驾驶舒适性。

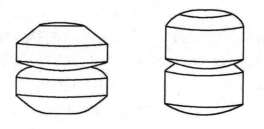

图 2-2 橡胶弹簧的外形

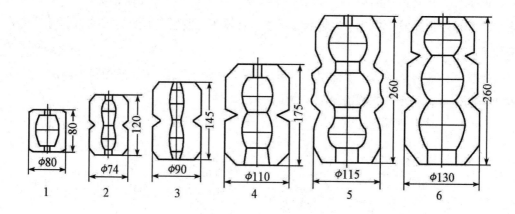

图 2-3 橡胶弹簧的截面结构

③空气弹簧：空气弹簧是一个比较复杂的橡胶防震配件，除了少数紧固件及上下板，多数零件都由橡胶制成。空气弹簧的中间密闭，若充入低压压缩空气，可使空气和橡胶的吸振特性组合成一体，取得良好的隔振效果，有效提高舒适性。

第二节 玻璃、陶瓷

一、玻璃

（一）玻璃的性能、组成及分类

1.玻璃的性能

玻璃是现代工业中的一种重要工程材料，通常具有透明、硬而脆、隔音的特性，有艺术装饰作用和较好的化学稳定性。特制的玻璃还具有绝热、导电、防爆和防辐射等一系列特殊的功能。

作为一种非晶态固体，玻璃还具有其他一些特性，见表2-9。

表2-9 玻璃的性能

力学性能	玻璃有较强的抗压强度和硬度，但抗弯强度和抗拉强度不高，是一种脆性材料
光学性能	玻璃的重要使用性能是透光性。杂质含量越低，玻璃的透光性越好
热稳定性	热稳定性是指玻璃在温度突然变化的情况下抵抗破裂的能力。玻璃热膨胀系数越低，热稳定性越好
化学稳定性	玻璃具有耐水、空气及绝大多数酸碱盐等介质腐蚀的性能

2.玻璃的组成

玻璃是由熔融物通过一定方式的冷却，并伴随黏度逐渐增大，而得到的具有力学性能和一定结构特征的非晶态固体。自然界中多数无机物，由于其熔融物在冷却时极容易结晶固化，而不具有玻璃态；只有某些物质，如硅酸盐、硼酸盐和磷酸盐等，其熔融物容易因过冷而形成玻璃态。

在各种氧化物的原料（如石英砂、石灰石、长石、强碱、硼酸、铅化合物等）中加入辅助原料，可使其获得某些必要的性质，同时加入加速熔制过程的原料，如澄清剂、着色剂、脱色剂、乳浊剂、氧化剂、助熔剂等，便可制成玻璃。

玻璃的化学成分较为复杂，主要是二氧化硅和各种金属氧化物，如氧化钠、氧化钾、氧化钙、氧化铝和氧化铅等。

玻璃的性质与化学组成关系很大。例如，减少玻璃中的碱性氧化物，增加二氧化硅或氧化硼的含量，可提高玻璃的透光性和耐热性；在玻璃中加入一定量的氧化铅和氧化钡，就可制得光彩夺目、敲击时有清脆的金属声音的高级玻璃器皿和艺术品。因此，在玻璃工业中，人们常常通过改变其化学组成，来制作具有一定性能的玻璃，以适应不同的需要。

3.玻璃的分类

玻璃及其制品的种类较多，范围较广，因此，应掌握玻璃的成分、性质和用途。常见的玻璃分类方法有两种，分别是按照化学成分分类（见表 2-10）、按照性质和用途分类（见表 2-11）。

表 2-10　玻璃按照化学成分分类

钠玻璃	钠玻璃的主要成分是二氧化硅、氧化钠、氧化钙，故又被称为钠钙玻璃。钠玻璃的软化点较低，易于熔制，但因杂质含量较多，制品多带有绿色，且力学性质、热性质、光学性质都较差。钠玻璃只能用来制作普通的建筑和日用玻璃制品
钾玻璃	钾玻璃的主要成分是氧化钾、二氧化硅、氧化钠和氧化钙，是一种普通玻璃。钾玻璃质硬而有光泽，性能比钠玻璃好，多用来制作化学仪器及高级玻璃制品
铅玻璃	铅玻璃的主要成分是氧化铅、氧化钾和二氧化硅。铅玻璃的特点是具有鲜明的色彩和美丽的光泽，质软而易于加工，敲击时能够发出悦耳的金属声，对光的折射和反射性都很强，化学稳定性好。铅玻璃通常被称为晶质玻璃，主要用来制作光学仪器、高级器皿和装饰艺术品
石英玻璃	石英玻璃又被称为水晶玻璃，含 100 % 的二氧化硅。石英玻璃的热膨胀系数很小，具有很高的热稳定性、极强的力学性质及优良的光学性质，是制造高级光学仪器、光学零件，以及耐高温、耐高压、耐高频绝缘等特殊用途制品的理想材料。但由于其熔制温度高，加工困难，成本较高，因此只在一些有特殊要求的地方使用
高硅氧玻璃	高硅氧玻璃的成本比石英玻璃低，性能与石英玻璃相似。因此，在一定条件下，高硅氧玻璃可代替石英玻璃。高硅氧玻璃中二氧化硅含量超过 96 %，氧化硼含量为 3 %

除以上几种玻璃，还有硼硅玻璃和铅硼玻璃等，它们同样是以其中所含主要成分而

命名的。

表 2-11 玻璃按照性质和用途分类

建筑玻璃	建筑玻璃主要是指平面玻璃,包括窗用平板玻璃、安全玻璃和特种平板玻璃
技术玻璃	技术玻璃主要是指光学玻璃、仪器玻璃、玻璃器具和设备,以及在导电、防辐射、耐高温、激光等方面应用的玻璃
日用玻璃	日用玻璃包括各种瓶罐、器皿和装饰所用的玻璃
汽车玻璃	汽车所用的玻璃不仅是汽车的安全部件,也是装饰制品,起到防风沙、防雨雪、防碰撞冲击,保护驾乘人员的作用
玻璃纤维	玻璃纤维可作为复合材料中的增强体

(二)玻璃在汽车上的应用

1.汽车玻璃的性能要求

为提高汽车的安全性,对车用玻璃的性能要求如下:

(1)透明性

玻璃透光性良好且透视的影像不产生变形。

(2)耐候性

玻璃不会因为气温的变化而引起品质的改变。

(3)机械强度

玻璃对风压具有足够的强度,有一定的抗冲击或弯曲的能力。

(4)安全性

车辆冲撞时不会伤害驾乘人员。

(5)特殊性能

特殊车辆的玻璃必须具有抗弹性、防爆性等。

2.常用汽车玻璃的种类与特点

汽车所用的玻璃的基材必须是质地优良的浮法玻璃,包括无色透明玻璃、过渡蓝色玻璃、过渡绿色玻璃、青铜色玻璃等。每辆汽车平均使用的玻璃约 3 m²,重 30~60 kg,约占汽车质量的 3 %。

汽车上使用的玻璃必须是安全玻璃。我国从 20 世纪 80 年代起执行汽车安全玻璃相关的国家标准，对汽车所用安全玻璃的可见性、强度和耐磨性进行了明确的规定。汽车上使用的安全玻璃是由无机材料或无机与有机复合材料所构成的产品，将其应用在汽车上，可以减少汽车发生碰撞时玻璃碎裂而导致的严重危害。

根据玻璃在汽车上的安装位置不同，分为风窗玻璃、后窗玻璃、前角窗玻璃、前门窗玻璃、后门窗玻璃、后角窗玻璃和后侧窗玻璃等。

窗用玻璃的生产原料主要是石英石、石灰石、白云石和纯碱等，此外还需要加入助熔剂、澄清剂、脱色剂，若制造彩色装饰玻璃还需要加入着色剂。

窗用平板玻璃具有良好的透光性能，包括有较好的透紫外线和红外线的能力，有较高的化学稳定性，能隔音、隔热，抗压强度较高，但抗拉及抗弯强度不高，特别是韧性差，抗冲击力差，是典型的脆性材料。这种玻璃由于安全性较差，容易发生人身伤害事故，而逐步被淘汰。

汽车常用玻璃主要有钢化玻璃、夹层玻璃、区域钢化玻璃。

（1）钢化玻璃

钢化玻璃是通过将玻璃加热到接近其软化点，然后骤冷的方法制成的，是将平板玻璃或浮法玻璃经过二次加工而成的高强度玻璃。按照加工方法的不同，钢化玻璃分为物理钢化玻璃和化学钢化玻璃两种类型。用于制造汽车玻璃的是物理钢化玻璃，它又被称为淬火钢化玻璃。

钢化提高了玻璃的强度和热稳定性。钢化玻璃的力学强度、抗冲击性和热稳定性比普通玻璃高很多，一旦破碎，碎片无尖锐的棱角，不易对人体造成直接伤害，增加了安全性。如果汽车发生事故，钢化挡风玻璃会呈蜘蛛网状全面破碎，此时的玻璃会变得不透明，使驾驶员无法准确掌握前方路况，极易导致二次交通事故的发生。

钢化玻璃主要装在汽车的侧面和后窗上，通常厚度为 4 mm。玻璃厚度减小会引起安全性和隔音性能下降，钢化困难，刚性下降，装配时容易发生破裂。因此在选用钢化玻璃时必须权衡安全性、实用性和经济性。

（2）夹层玻璃

夹层玻璃是针对钢化玻璃存在的不完善之处而产生的，是目前最适合用来制造前挡风玻璃的安全玻璃。它是由两张或两张以上的普通平板玻璃和钢化玻璃，在中间夹上高弹性的透明塑料薄膜，采用特殊工艺处理而制成的多层平板玻璃或弯形多层玻璃。夹层玻璃主要用于制造高层建筑的门窗、交通运输工具的风窗、有特殊要求的门窗，以及各种仪器、仪表、高压电气设备等防爆部位的窥视玻璃。

汽车所用夹层安全玻璃通常由三层组成，即玻璃、中间的加强膜、玻璃。两侧玻璃层的厚度为 20～30 mm，中间的加强膜通常是由聚乙烯醇缩丁醛或聚甲基丙烯酸酯制成，膜厚为 0.38～0.76 mm。夹层玻璃的突出特点是具有较高的弹性（比钢化玻璃高）、较高的强度（抗弯强度一般不及钢化玻璃），同时热稳定性也比较好。由于中间夹层物质的增强作用和黏结作用，当玻璃受到外力冲击破坏时，仅会产生辐射状的裂纹而不会使碎片脱落或飞溅，以致伤及驾乘人员。因此，夹层玻璃属于较为高级的安全玻璃。

（3）区域钢化玻璃

区域钢化玻璃是钢化玻璃的一个新品种，是分区域控制钢化程序的钢化玻璃。区域钢化玻璃遭到破坏后，只在周围破裂成蜂窝状网纹，而在驾驶员的主要视野区域内仍能保持较大的玻璃碎片。这种玻璃破裂后仍能保证驾驶员有清晰的视野，可以避免二次事故的发生，不对人体造成直接伤害，而且成本比夹层玻璃低。因此，区域钢化玻璃也是较好的汽车安全玻璃制造原料。

（4）汽车特种玻璃

汽车特种玻璃主要有防爆、防弹玻璃，中空玻璃，防水玻璃，特种挡风玻璃。

防爆、防弹玻璃是一种特制玻璃，具有抗冲击强度大、透光性好、耐热、耐寒等特点，当遇到爆炸或弹击时，玻璃可以保持完好无损，或者即使破裂，子弹也难以穿透玻璃，更不会造成碎片脱落而伤人的情况。

中空玻璃是用胶粘法将双层或多层平板玻璃黏结在一起，使玻璃之间形成中空的一种玻璃。由于玻璃中间充满干燥的空气，因此具有隔音、隔热、保温、不结霜、不产生凝结水及吸收紫外光的特点。在高档客车上，中空玻璃有着十分广泛的应用。

防水玻璃的表面涂覆了一层化学耐久性优异的含氟薄膜，这种薄膜不会影响玻璃本来的颜色与光泽，有效寿命为 3～5 年。在汽车行驶时，涂有薄膜的玻璃上落下的水滴会在风压的作用下迅速滚落，车内的人像和物像不会映射到挡风玻璃上而影响驾驶员的视线。在夹层玻璃或钢化玻璃表面涂覆一层碱性有机薄膜，可以制成防雾玻璃，因为水在这种薄膜上可以均匀展开成膜，不会结露而成雾，这对于在寒冷地区使用的车辆非常实用。

许多高档轿车采用热反射镀膜玻璃作为挡风玻璃，即特种挡风玻璃。其表面涂有金属氧化物层，可以防止车内的热量向车外传递，以保持车内的温度。

综上所述，汽车玻璃的种类和特点见表 2-12。

表 2-12 汽车玻璃的种类和特点

汽车玻璃的种类	汽车玻璃的特点
钢化玻璃	很高的强度、冲击韧性和热稳定性，破碎时无尖锐棱角，不易伤人
夹层玻璃	较高的强度，较好的热稳定性
防爆、防弹玻璃	较大的抗冲击强度及较好的透光性，耐寒、耐热
中空玻璃	隔音、隔热、保温、不结霜，不产生凝结水及吸收紫外线
防水玻璃	水滴在玻璃上迅速滚落，车内人像、物像不会映射到挡风玻璃上
特种挡风玻璃	防止车内热量向车外传递，保持车内温度

（三）汽车玻璃的发展趋势

1.汽车玻璃的发展概况

汽车玻璃的功能已经不仅仅是抵御风寒、防止雨水和尘土。随着汽车工业的飞速发展，汽车玻璃的重要性不断提高。汽车玻璃在汽车行驶中要为驾乘人员提供良好的视野，在遇到突发性事故时不能伤害驾乘人员。车用玻璃技术已成为评价现代汽车技术的一个重要标志。自 20 世纪 90 年代，国外的汽车玻璃已向轻量化、绝热化、安全化和多功能方向发展。

汽车玻璃经历了由平板型向曲面型、普通型向强化型、全钢化向局部钢化、钢化玻璃向夹层玻璃等发展过程。

2.汽车玻璃的新品种

（1）除霜玻璃

除霜玻璃（如图 2-4 所示）是采用网板印制法将导电胶印制在玻璃上，在玻璃加热成形时，导电胶牢固地附着于玻璃上，这种印制电路可加热玻璃，起到除霜作用。

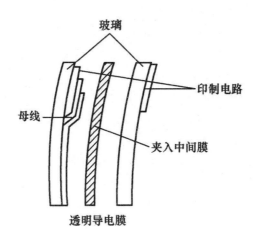

图 2-4 除霜玻璃

（2）热反射玻璃

热反射玻璃（如图 2-5 所示）是用喷镀或其他方法使金属薄膜镀在玻璃表面，或把已喷镀金属薄膜的聚酯薄膜夹在夹层玻璃中间，使玻璃具有反射功能。喷镀电解质使汽车玻璃在确保可见光透射的前提下，充分反射近红外线，减轻空调的负荷，辅助空调控制车内温度。

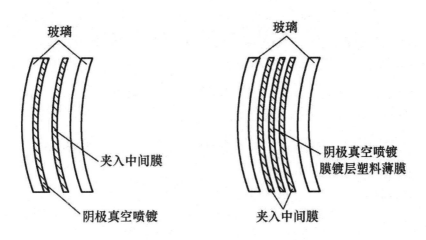

图 2-5 热反射玻璃

二、陶瓷

（一）陶瓷材料的性能及分类

1.陶瓷材料的概念

在人们的传统认识中，陶瓷指陶器和瓷器，后泛指整个硅酸盐材料（包括玻璃、水泥、耐火材料、搪瓷）和氧化物类陶瓷材料。

随着制造工艺的改进，陶瓷性能得到很大的改善，除了传统的陶瓷制品，还出现了广泛应用于制造零件、工具和工业构件等的精细陶瓷。现代陶瓷材料已和高分子材料、金属材料并称为三大固体工程材料。

2.陶瓷材料的性能

（1）力学性能

陶瓷在各类材料中硬度最高，具有很高的抗压强度和硬度，适用于制造超硬耐磨制品，如陶瓷刀具；陶瓷塑性很差，只有在高温下才出现塑性变形，所以具有较高的高温强度；陶瓷韧性极低，属于典型的脆性材料，限制了陶瓷作为结构件的广泛应用。

（2）热性能

陶瓷材料一般具有高的熔点，大多超过 2 000℃；在高温下具有极好的化学稳定性；陶瓷的导热性远低于金属材料；陶瓷可制作耐火材料，是很好的隔热材料。

（3）电性能

陶瓷是传统的绝缘材料，可用于制作各种电压的绝缘器件。

（4）化学性能

陶瓷的组织结构非常稳定，在高温下不易氧化；对酸、碱、盐及熔融有色金属等的腐蚀有较强的抵抗能力。

3.陶瓷材料的分类

陶瓷材料通常分为传统陶瓷（普通陶瓷）和精细陶瓷两大类。

（1）传统陶瓷（普通陶瓷）

传统陶瓷以天然的硅酸盐矿物（如黏土、长石、石英等）为原料制成，又被称为硅酸盐陶瓷。主要用于制造日用、建筑陶瓷制品，以及低压、高压电瓷，耐酸陶瓷，过滤陶瓷等。

（2）精细陶瓷

精细陶瓷是采用高强度、超细粉末原料，经过特殊的工艺加工，得到结构精细且具有各种功能的无机非金属材料。常用的精细陶瓷按用途分为功能陶瓷和工程陶瓷。功能陶瓷在汽车上主要用于制造发动机和热交换器零件及传感器；工程陶瓷又可分为氧化陶瓷（如氧化铝陶瓷、氧化锆陶瓷等）和非氧化陶瓷（如氮化硅陶瓷等）。

（二）精细陶瓷在汽车上的应用

随着电子工业、空间技术的发展，精细陶瓷以优良的力学性能、耐热性、耐腐蚀性、耐磨性及低密度（约等于钢铁的 1/2）等特性，在汽车上的应用越来越广泛。在结构件和功能件上的相继开发和应用，在降低车辆质量、降低燃油消耗等方面的效果十分显著。

（三）功能陶瓷在汽车上的应用

社会对汽车的安全设计、空气污染、废气的彻底燃烧及驾驶舒适性的要求不断提高，电喷发动机、ABS 防抱死装置等电子装置在汽车上的应用，使功能陶瓷在汽车上有了更广泛的应用场景，尤其是陶瓷传感器的开发已成为汽车电子化的重要环节。此外，汽车还应用了各种执行元件，如陶瓷加热器、导电材料、显示装置等。

第三节 复合材料、摩擦材料

一、复合材料

（一）复合材料的性能、组成及分类

1.复合材料的概念

在汽车的轻量化进程中，塑料、橡胶、玻璃、陶瓷等材料在性能上各有优点与不足，各有较合适的应用范围。因此，高性能复合材料的发展及其在汽车中的应用变得特别重要。

复合材料是由两种或两种以上的物理和化学性质不同的物质，经一定方法合成而得到的一种新的多相固体材料。复合材料可改善组成材料的弱点，充分发挥材料的综合性能。例如，塑料和玻璃的强度及韧性都不强，由二者复合而成的材料（玻璃纤维塑料）却有很高的强度与韧性，而且质量很小。

复合材料可根据构件的特性和受力要求，匹配合理的性能，完成材料的最佳设计。汽车保险杠和板簧等零件使其纤维方向与受力方向垂直，传动轴中的纤维方向与轴向呈45°时，既可使零件得到合理的强度和刚性，又使轻量化效果大大提高。

复合材料可以创造单一材料不易具备的性能和功能，或在同一时间里发挥不同的功能。黄铜片与铁片的双金属片复合材料（如图2-6所示）具有控制温度开关的功能。由两层塑料的中间夹一层铜片所构成的夹层复合材料（如图2-7所示），能在同一时间里的不同方向上具有导电和隔热的双重功能。这些功能都是单一材料所无法实现的，所以，复合材料开拓了一条创造材料功能的新途径。

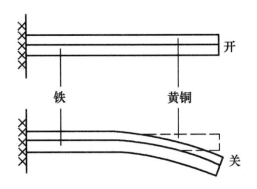

图 2-6 双金属片复合材料

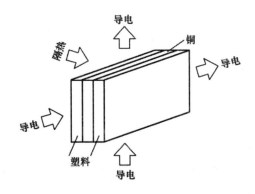

图 2-7 夹层复合材料

2.复合材料的组成

复合材料的组成见表 2-13。

表 2-13 复合材料的组成

基体： 主要起黏结作用	非金属基体材料：合成树脂、碳、石墨、橡胶、陶瓷等
	金属基体材料：铝、镁、钢及其合金
增强材料：提高复合材料的强度和韧性。常用的增强材料有玻璃纤维、碳纤维、芳纶纤维等	

3.复合材料的分类

复合材料可以由金属、高分子聚合物和陶瓷中任意两者来合成，也可以由两种或更多的金属、陶瓷、高分子聚合物来制备。因此复合材料的种类有很多，具体见表2-14。

表2-14 复合材料的种类

按性能、用途分类		按基体分类			按增强材料种类及形态分类			
功能复合材料	结构复合材料	高分子基	陶瓷基	金属基	层叠复合材料	连续纤维复合材料	细粒复合材料	短切纤维复合材料

4.复合材料的性能特点

复合材料中的各组成材料在性能上互相取长补短并保持各自的最佳特性，可以获得优良的性能效果。与其他材料相比较，复合材料的突出特点如下：

（1）比强度和比模量较高

复合材料的比强度（强度极限除以密度）和比模量（弹性模量除以密度）比其他材料高得多。

（2）抗疲劳性能好

多数金属的疲劳极限是拉伸强度的40%～50%，而碳纤维增强复合材料的疲劳极限是拉伸强度的70%～80%。

（3）安全性好

复合材料每平方厘米上独立的纤维有几千根甚至几万根，当构件过载并有少量纤维断裂后，复合材料会迅速进行应力重新分配，由未断裂的纤维来承载，使构件在短时间内不会失去承载能力，从而提高使用安全性。

（4）高温性能好

一般铝合金在400℃时弹性模量大幅度降低，强度显著下降，而碳（或硼）纤维增强铝合金制成的复合材料在此温度下的强度和弹性模量基本不变，是制造高温状态下工作零件的理想材料。

（5）减振性良好

机械的自振频率与材料比弹性模量的平方根成正比，由于复合材料的比弹性模量大，自振频率很高，因此不易产生共振。

（6）独特的成形工艺

复合材料可以整体成形，减少了零部件紧固和接头数目，材料利用率也很高。以硼纤维增强复合材料为例，100 kg 的原料可获得 80 kg 的零件。

（二）复合材料在汽车上的应用

应用在汽车上的常见的复合材料有纤维增强塑料、纤维增强陶瓷、纤维增强金属。

1.纤维增强塑料

（1）纤维增强塑料的种类

纤维增强塑料的种类见表 2-15。

表 2-15 纤维增强塑料的种类

按基体的性质分类		按纤维材料分类
玻璃纤维与热固性塑料组成的复合材料，如环氧树脂、酚醛树脂、聚酯树脂等	玻璃纤维与热塑性塑料组成的复合材料，如尼龙、聚碳酸酯、聚乙烯、聚丙烯等	玻璃纤维增强材料、碳纤维增强材料、合成纤维增强材料

（2）纤维增强塑料的特点

纤维增强塑料的密度低，且比强度高，因此可减轻汽车自重，降低发动机负荷，提高燃料利用率。由于纤维增强塑料的流动性和层压性好，可制成形状各异的曲面；设计自由度大，有利于设计空气阻力小的车身形状，满足美观要求；可一体成型，减少装配工序。纤维增强塑料着色方便，在树脂中混入颜料可达到任意着色的目的。纤维增强塑料的耐冲击性好，可大量吸收冲击能，有利于提高安全性。

纤维增强塑料的不足之处是生产率低，可靠性差，阻热性、耐燃性、表面涂装性差。

2.纤维增强陶瓷

纤维增强陶瓷能够有效改善陶瓷脆性，提高断裂韧性，阻止裂纹扩展。高弹性纤维增强陶瓷可提高陶瓷的强度，耐热纤维增强陶瓷可提高陶瓷的高温强度。纤维增强陶瓷的性能特点见表 2-16。

表 2-16 纤维增强陶瓷的性能特点

类别	性能特点
碳纤维系增强陶瓷	高弹性模量、高强度、耐磨性好，膨胀系数低
陶瓷纤维系增强陶瓷	优良的抗氧化性、耐热性好、断裂韧性较高
晶须纤维系增强陶瓷	高强度、高抗断裂韧性

纤维增强陶瓷有待于继续开发，除了基础研究，还应研究廉价的加工成形法和评价方法，推广纤维增强陶瓷的应用范围。

3.纤维增强金属

（1）纤维增强金属材料的特点

纤维增强金属材料的特点是比强度、比刚性高，耐热性等化学性能强，热传导和电导性优良，耐磨性好。如果只追求轻量化效果，不需要采用纤维增强金属；只有同时要求良好的耐热性、耐磨性、热传导和电导性时，才有必要采用纤维增强金属。

（2）纤维增强金属在汽车上的应用

应用在汽车零件中的纤维增强金属材料包括活塞、活塞销、连杆、气门系的摇臂、挺柱等。其中，纤维增强金属活塞耐磨性优良、强度高、成本低，可减少活塞与气缸的间隙，降低发动机的噪声，提高耐灼烧性。

二、摩擦材料

汽车摩擦材料是汽车消耗较大的材料之一，也是汽车制动系统与行车系统的重要组成材料。摩擦材料主要用于制造汽车制动摩擦片、汽车离合器摩擦片及手制动摩擦片等，在汽车的安全性、使用性及操纵稳定性等方面起着十分重要的作用。

（一）汽车摩擦材料的组成

汽车摩擦材料主要由增强材料、胶黏剂及填充材料等组成。

1.增强材料

增强材料是摩擦材料的一个重要组成部分，纤维的选用对摩擦材料的摩擦性能、磨损性能有着重要的影响。增强材料主要包括石棉、钢纤维、玻璃纤维、碳纤维、有机纤维和混杂纤维等。

2.胶黏剂

选择胶黏剂首先要考虑热性能,此外还要求其结构强度高、模量低、贴合性好、分解温度高、分解物少、分解速度慢及分解残留物有一定的摩擦性能等。早期使用的胶黏剂主要是橡胶型胶黏剂,但橡胶因耐热性差且磨损大,已逐渐被酚醛树脂取代或与树脂混合。目前国外大都采用改性树脂。

3.填充材料

填充材料是摩擦材料中不可缺少的组分,其在摩擦材料中主要起改善材料的物理性能与力学性能、调节摩擦性能、降低成本的作用。填充材料可分为有机、无机和金属三种。目前,常用的填充材料主要有重晶石、硅灰石、氧化铝、铬铁矿粉、氧化铁、轮胎粉,以及铜、铅等粉末等。

(二)汽车上制动摩擦片的要求

制动摩擦片是直接关系到制动性能的一个重要零件,因此,人们对制动摩擦片有着严格的性能要求。制动摩擦片的主要功能是将动能转变成热量,热量被吸收或散发以后,减少摩擦材料和贴合部件之间的相对运动。为了达到这些目的,汽车上制动摩擦片必须满足以下要求:

1.有足够高而稳定的摩擦系数

摩擦系数是摩擦材料重要的技术指标之一,通常摩擦系数并不是一个常数,而是受温度、压力、速度、表面状态及摩擦环境等影响而变化。理想情况下,摩擦系数受这些因素的影响变化较小。

2.具有良好的抗热衰退性及恢复性

刹车蹄片在制动时,如果温度不高,其摩擦系数是稳定的,但在高温时,其摩擦系数会下降,出现热衰退现象。所以刹车蹄片必须具有良好的抗热衰退性能。性能良好的制动摩擦片的摩擦表面需要具有足够的耐分解性,而且分解后的表面需要始终保持良好的摩擦状态,不能产生分解产物的硬质层。

3.具有较高的耐磨性

耐磨性是衡量摩擦材料使用寿命的重要指标，包括常温下制动摩擦片的抗剪切能力和高温时制动摩擦片的高分子有机物的抗热分解能力。

4.有大单位面积吸收功率及低磨损

制动摩擦片的单位面积吸收功率越大，制动能力越强，汽车的制动时间越短。所以，必须依据运动部件的质量及速度来选择合适的制动摩擦片。

5.较高的机械强度

制动摩擦片必须在常温时具有良好的结构强度，以保证整个制品的装配、使用及铆钉的连接强度，即使在高温时，制动摩擦片也要保持一定的强度。因此，制动摩擦片的摩擦材料必须具有良好的冲击韧性、抗压强度、抗剪强度，以及良好的导热性，且性能随温度的变化小。

6.不产生过大的噪声

汽车制动噪声的产生与制动摩擦片有关。通常来说，制动摩擦片的摩擦材料的种类是影响汽车产生制动噪声的因素，金属成分含量过高、模量过大、摩擦系数过高等都会造成较大的制动噪声。

（三）制动摩擦片摩擦材料的分类

1.石棉摩擦材料

石棉摩擦材料由石棉、聚合物、摩擦性能调节剂三部分组成。在石棉纤维中添加适量填料，以树脂为黏结剂，采用热压工艺制成的摩擦材料，即石棉摩擦材料。

2.金属陶瓷摩擦材料

金属陶瓷摩擦材料是采用粉末冶金方法制成的铁基、铜基金属陶瓷材料，在高速高压下摩擦系数变化小，价格高、噪声大、脆性大、低温效率低。

3.半金属基摩擦材料

半金属基摩擦材料由高组分的金属粉末、纤维及摩擦性能调节剂组成，并用有机或无机胶黏剂黏结在一起。半金属基摩擦材料的耐磨、耐热性能很好，且制动噪声低。

4.碳纤维摩擦材料

碳纤维摩擦材料具有优良的热传导性及高温耐性,其单位面积的吸收率高、密度小。

随着汽车制造技术水平的不断提高,人们对应用在汽车上的摩擦材料提出了更为严格的技术要求。尤其是近年来,更多的新型摩擦材料被开发出来,适应了汽车制动的高性能要求。新型摩擦材料主要有钢纤维摩擦材料、陶瓷纤维摩擦材料、芳纶纤维摩擦材料、碳纤维摩擦材料、硅灰石纤维摩擦材料。

第三章 现代汽车制造的锻造与冲压技术

第一节 锻造技术

一、锻造工艺概要

锻造是指利用金属材料的可塑性，借助外力（加压设备）和工具，使坯料或铸锭发生局部变形或全部变形，从而形成所需要的形状、尺寸和带有一定组织性能的锻件的加工方法。

传统的锻造工艺可分为热锻和冷锻两大类。热锻工艺早在两千多年前就已经以自由锻造的形式在我国出现，用来制造兵器、铜、铁器皿等。

二、锻造工艺分类

（一）热锻

热锻是指在高于金属的再结晶温度上加工的方法。热锻趋向于大型化、高速化、省力化与自动化。

（二）冷锻

冷锻是指在室温下加工的方法。冷锻工艺是一种精密塑性成形技术，具有切削加工无可比拟的优点，如制品的机械性能好、生产率高和材料利用率高等，特别适合于大批量生产。

（三）温锻

温锻是指在金属处于加热状态，但不超过再结晶温度时对其进行加工的方法。与热锻相比，温锻成形件表面不会发生强烈的氧化作用，表面质量好，尺寸公差小，并且没有飞边，能够节省原材料。

（四）特种锻造

1.回转锻造

回转锻造有多种方式，主要包括辊锻、楔横轧、斜轧、仿形斜轧、辗环、齿轮横轧和径向锻造等。

2.烧结锻造

烧结锻造是指将粉末冶金技术中的烧结法和锻造加工法的优点相互结合的方法。其要点是以金属粉末为原材料，用粉末冶金方法做成预成形件，然后进行热锻，以接近理论密度，从而得到普通烧结法所不能比拟的、质量不低于一般锻件的产品。

3.液态模锻

液态模锻又称高压铸造法或半熔融锻造法，是一种将铸造和锻造相结合的成形方法。具体做法是将熔融或半熔融状态的金属注入模型内，施加高压并保持，直至凝固。它能阻止金属晶粒增长，提高零件强度，并能高效率生产形状复杂的零件。

三、锻造模具

锻造模具简称锻模，是金属在热态或冷态下进行体积成形时所用模具的统称。由于各种模锻设备的工作特点有所不同，因此，锻模的结构也有较大的差别。

（一）热锻模

热锻模在确定锻件形状时，必须考虑如下因素：

第一，容易锻造成形。

第二，具备适当的加工余量。

第三，应考虑机械加工基准，便于加工。

第四，避免截面形状的突然变化。

第五，尽量消除锐角、尖棱。

（二）冷锻模

冷锻工艺与热锻工艺存在显著差异，其主要差别在于冷锻模承受的负荷高，因此更应注意锻模强度。

1.强化模具

把承受内压的模具做成嵌入式，通过过盈配合预先在模具圆周方向施加压缩应力，用来抵消内压在圆周方向上引起的拉伸应力。当用抗拉强度低的硬质合金为模具材料时，此点尤为重要。过盈装配可采用压配或热配方式，也可采用冷配方式。

2.拼块式模具

当受零件形状限制，不能避免应力集中或冷锻压力过大时，模具需要做成拼块式，防止应力集中。

（三）锻造材料

锻造材料主要是各种成分的碳素钢和合金钢，其次是铝、镁、铜、钛等及其合金。材料的原始状态有棒料、铸锭、金属粉末及液态金属。一般的中小型锻件都用圆形或方形棒料作为坯料。棒料的晶粒组织和机械性能均匀、良好，形状和尺寸准确，表面质量好，便于组织批量生产。

四、锻件质量控制

对于大多数保证汽车行驶安全的零件，在其制造过程的锻造加工阶段，锻件质量控制十分重要。其主要内容有：在下料工序中，控制落料长度、断面形状与材料质量，防止混料；在锻造工序中，控制锻件尺寸，以及检验锻件是否存在缺陷。

（一）检测锻件几何形状与尺寸

检测锻件几何形状与尺寸的工具主要有钢直尺、卡钳、游标卡尺、深度尺及角尺等。对形状特殊或较复杂的锻件，可用样板或专用仪器来检测。检测内容如下：

第一，检查锻件长、宽、高尺寸及直径。

第二，检查锻件内孔。

第三，检查锻件特殊面。

第四，检查锻件错移量。

第五，检查锻件弯曲度。

第六，检查锻件翘曲度。

（二）检验锻件表面质量

锻件表面上的型纹、折叠和压伤等缺陷，通常可用目视法直接发现。当裂纹很细或隐蔽在表皮下时，则须通过磁粉检验、荧光检验、着色检验等方法才能发现。

1.目视检查

目视检查是检验锻件表面质量最普遍、最常用的方法。它可用于观察锻件表面有无裂纹、折叠、压伤、斑点、表面过烧等缺陷。

2.磁粉检验（磁力探伤）

磁粉检验也称磁粉探伤或磁力探伤，应用此法可发现肉眼不能检查出的细小裂纹，以及隐蔽在表皮下的裂纹等表面缺陷。但此法只能用于检验碳钢、工具钢和合金结构钢等有磁性的材料。此外，锻件表面必须平整、光滑，否则粗糙的表面有可能导致检验结果不正确。

（1）干粉法

用喷枪将干粉喷射到零件表面上，可以观察零件缺陷处磁粉聚集情况，即可判断缺陷部位、形状大小。

（2）湿粉法

首先将磁粉末悬浮在煤油或水溶液中，然后将悬浮的磁粉油液喷射或浇注在磁化的零件表面上，油液中的磁粉遇到因缺陷而产生的局部漏磁磁极后，被吸附聚集成与缺陷大小和形状相近的磁粉堆。为了显示横向裂纹，须对工件进行纵向磁化。

3.荧光检验

对于非铁磁性材料，如有色合金、高温合金和不锈钢等锻件的表面缺陷，可采用荧光检验，也称荧光探伤。

4.着色检验（着色渗透探伤）

将带有色彩的高渗透性油液刷涂于锻件表面，若锻件表面存在缺陷，油液则渗入锻件表面缺陷中，然后用肉眼即可看到"彩像"，从而发现表面缺陷。

第二节 冲压技术

一、冲压同步工程在车身数模设计中的作用

（一）同步工程的定义

同步工程又被称为并行工程，是指对整个产品开发过程实施同步、一体化设计，促使开发者始终考虑从概念形成直到用后处置的整个产品生命周期内的所有因素（包括质量、成本、进度和用户要求）的一种系统方法。

（二）同步工程的特点

1.同步性

产品开发的各个子过程尽可能同步进行。

2.约束性

将约束条件提前引入前一个子过程，尽可能满足后面各子过程的需求。

3.协调性

各个子过程间密切协调以获得质量（Q）、时间（D）、成本（C）等方面的最

佳匹配。

4.一致性

产品开发过程的重大决策建立在全组成员意见一致的基础上。

（三）车身开发过程中应用同步工程的必要性

车身开发是整车开发过程中周期最长、成本最高及质量要求较苛刻的过程，且车身的工程化开发涉及众多部门及供应商。其拥有如下特点：

第一，整车上的内外饰、底盘、电器等都是以车身作为载体，车身的精度直接影响它们的安装精度，间接影响着整车的操控及驾驶性能。

第二，车身是材料、结构、工艺、技术与造型之间不断协调发展的产物。

第三，车身是影响整车安全碰撞性能的最关键部件。

第四，车身外板的表面质量及间隙直接决定整车的外观及审美定位。

第五，车身的工程化开发周期最长，对整车上市节点的实现影响最大。

（四）车身开发过程中同步工程的目标

同步工程在实现提高产品质量、降低产品成本、缩短产品开发周期等目标的过程中，需要达到以下要求：

1.开发有效性改进

使开发全过程方案更改次数减少 50 %，由 2 000 次以上降到 1 000 次以下。

2.开发过程同步

使产品开发周期缩短 40 %～60 %，由传统的 48 个月缩短到 24 个月。

3.设计和制造过程一体化

使制造成本（主要工装开发及生产成本）降低 30 %～50 %。

（五）车身工程化开发同步性的实现

车身设计完成后，把数模转入冲压工艺部门进行冲压件的模具开发，开发过程中反馈出现的冲压工艺性问题。冲压开发基本完成时，把数模转入焊装工艺部门进行车身夹具的开发，开发过程中反馈冲压和产品设计的问题。这种开发模式的弊端是开发周期长、开发过程中出现的问题多、解决问题的时间晚，解决问题的费用高。随着市场对新车型上市时间要求越来越短、品质要求越来越高及安全性要求越来越高，各汽车公司开始在车身开发中大范围地应用同步工程。

二、冲压模面设计

（一）工艺基准点

所有制件都要设置基准点，同一个制件上所有工序的基准点要求一致。原则上基准点设置在零件图上百线的交点处，即取 100 的整数倍，特殊情况下也可以取 50 的整数倍。基准点尽量设在拉延模的凸模上，设置在制件的中央，这样模具中心、冲床中心和基准点三者就有可能重合，减少出错的可能。另外，对于左右件合并的情况，有两个基准点。

（二）冲压方向、制件转角及转角顺序

各冲压工序都必须有冲压方向。选取拉延冲压方向时应注意：制件在任何地方没有负角，制件在前后左右方向尽可能对称，尽可能减小在冲压方向上的高度差，目的是使进料均匀。选取修边的冲压方向时，主要考虑的是修边刃口的角度，一般控制在 ±15 度，超出这个范围就需要改变冲压方向，或使用斜楔侧修边。

制件旋转时以工艺基准点为中心旋转，转角大小及次序最好事先做好记录，制件在 X、Y、Z 每个方向上仅限于旋转一次，因此制件最多旋转三次，90 度或 180 度的旋转不计算在内。

（三）压料面

压料是拉延过程中非常重要的功能，坯料就是沿压料面逐渐流入模具型腔的。因此压料面的设计要有利于材料的流动，保证制件在各个截面上变形均匀（拉延深度一致）。

压料面设计时优先采用单曲面，以保证压料面的光顺。压料面的形状在模具工艺构件图上以直线加圆弧的方式表达清楚，不使用样条线。

（四）凸模轮廓线

在看模具工艺构件图时，要首先找到拉延凸模外形轮廓线这条分界线。分界线以里是凸模，分界线以外是压边圈，配合具体的剖面图很快就可以确定零件是在凸模上修边，还是在压料面上修边。在模具工艺构件图上，凸模轮廓线是以粗实线加实心圆点的方式来表示，以直线和圆弧的方式标出尺寸。

（五）拉延初始坯料线

拉延初始坯料线就是拉延模初次试模时的坯料线，除了特殊情况，一般均采用方形、梯形等。以前都是通过取若干截面测量线长的方法确定拉延初始坯料大小，现在可以使用 Dynaform 反算拉延模的模面，得到一个近似形状，再取直为方形坯料。

需要注意的是，拉延模的坯料一般要在模具调试过程中做一些修改，才能作为落料模的设计依据。

（六）拉延筋

拉延筋从形状上分为圆筋、方筋、拉延槛（半方筋）。在做拉延模拟分析过程中，为加快计算速度，一般先使用虚拟筋（用一根线来代替），虚拟筋调整好后再设计实体筋，最后加工模具。实际生产过程中多使用实体筋，即凸筋在加工凹模时一起加工出来，凹筋在加工压边圈时一起加工出来。虚拟筋和实体筋的对应关系需要做大量的实验对比分析。

三、冲压工艺设计

（一）流程要求

1.同步工程及报价交流

前期的同步工程及报价交流需要提供 ECR（Engineering Change Request，工程变更申请）、同步工程分析的 SIM 文件及产品工程计划书。

ECR 提出时，要给出详细的改进方案，最好能提供建议更改后的产品数模，以 ifs 格式提供。

2.工艺要求

工艺设计要求必须严格按照有关单位提供的相应标准执行，且需要在工艺会签前两天将数据发至有关单位。如格式及规范不满足要求，则不予以会签。

工艺会签过程中出现的问题要在工艺设计会签单中记录，更改后的工艺需要由有关单位确认签字，方可通过。如方案存在较大问题，需要重新会签。

接收最终 NC（Numerical Control，数控）数据后，完成工艺所有数据的更新，并将工艺数据发至有关单位确认。注意工艺设计检查表、工艺设计评审表的应用场景，两个表格需要后期提供扫描版。

模具制造过程中，要对产品设变和工艺变更（模具整改）进行详细记录，参照 update 格式。同时必须保证 3DL 数模与现场模具状态一致。

（二）工艺先进性要求

在工艺设计中，必须从以下角度考虑冲压工艺安排：

第一，尽可能实现一模多件的工艺方式。

第二，最大限度提高材料利用率。板料加工形式选择次序依次为开卷剪切、开卷摆剪、开卷落料。

第三，具备良好的生产稳定性和维修性。

第四，对所有制件进行全工序模拟（含回弹分析）并得到结论可行的模拟结果。如果现有产品存在制约，存在工艺不可克服的困难，应有相应的产品更改建议。

第五，结合冲压工艺特点，对自动化干涉曲线和自动化操作高度进行校核，并对模具结构设计提出约束条件。工序间冲压方向变化必须满足自动线功能条件。

四、冲压工序分类

冲压工艺大致可分为分离工序和成形工序（又分弯曲、拉深、成形）两大类。分离工序是在冲压过程中，使冲压件与坯料沿一定的轮廓线相互分离，同时冲压件分离断面的质量也要满足一定的要求；成形工序是使冲压坯料在不被破坏的条件下发生塑性变形，并转化成所要求的成品形状，同时也应满足尺寸公差等方面的要求。按照冲压时的温度情况，可选择冷冲压和热冲压两种方式。这取决于材料的强度、塑性、厚度、变形程度及设备能力等，同时应考虑材料的原始热处理状态和最终使用条件。

（一）冷冲压

冷冲压是指将金属在常温下进行加工的方法，一般适用于厚度小于 10 mm 的坯料。冷冲压的优点为不需要加热、无氧化皮、表面质量好、操作方便、费用较低；缺点是有加工硬化现象，严重时使金属失去进一步变形能力。冷冲压要求坯料的厚度均匀且波动范围小，表面光洁、无斑、无划伤。

（二）热冲压

热冲压是指将金属加热到一定温度的冲压加工方法。热冲压的优点为可消除内应力，避免加工硬化，增加材料的塑性，降低变形抗力，减少设备的动力消耗。

1.冲模结构

冲模是使板料产生分离或变形的工具，由上模和下模两部分组成。上模的模柄固定在冲床的滑块上，随滑块上下运动，下模则固定在冲床的工作台上。

冲头和凹模是冲模中使坯料变形或分离的部分，用压板分别固定在上模板和下模板上。上下模板分别装有导套和导柱，以引导冲头和凹模对准。而导板和定位销则分别用于控制坯料送进方向和送进长度。卸料板的作用是在冲压后，使工件或坯料从冲头上脱出。

2.冲模的分类

冲模是冲压生产中必不可少的模具。冲模基本上可分为简单冲模、连续冲模和复合冲模三种。

（1）简单冲模

简单冲模是在冲床的一次冲程中只完成一个工序的冲模。工作时条料在凹模上沿两个导板之间送进，碰到定位销为止。凸模向下冲压时，冲下的零件（或废料）进入凹模孔，而条料则夹住凸模并随凸模一起回程向上运动。条料碰到卸料板时（固定在凹模上）被推下，这样，条料继续在导板间送进。重复上述动作，冲下第二个零件。

（2）连续冲模

冲床的一次冲程中，在模具不同部位上同时完成数道冲压工序的模具，被称为连续冲模。工作时定位销对准预先冲出的定位孔，上模向下运动，一个凸模进行落料，另一个凸模进行冲孔。当上模回程时，卸料板从凸模上推下废料，这时再将坯料向前送进，执行第二次冲裁。如此循环进行，每次送进距离由挡料销控制。

（3）复合冲模

在冲床的一次冲程中，在模具同一部位上同时完成数道冲压工序的模具，被称为复合冲模。复合冲模的最大特点是模具中有一个凸凹模。凸凹模的外圆是落料凸模刃口，内孔则成为拉深凹模。当滑块带着凸凹模向下运动时，条料首先在凸凹模和落料凹模中落料。落料件被下模当中的拉深凸模顶住，滑块继续向下运动时，凹模随之向下运动进行拉深。顶出器和卸料器在滑块的回程中将拉深件推出模具。复合冲模适用于产量大、精度高的冲压件。

3.冲压基本工序

冲压的基本工序有落料、冲孔、弯曲和拉深。

（1）落料和冲孔

落料和冲孔是使坯料分离的工序。落料和冲孔的过程完全一样，只是用途不同。落料时，被分离的部分是成品，剩下的周边是废料；冲孔则是为了获得孔，被冲孔的板料是成品，而被分离部分是废料。落料和冲孔统称为冲裁。冲裁模的冲头和凹模都具有锋利的刃口，在冲头和凹模之间有相当于板厚 5 %～10 %的间隙，以保证切口整齐而少毛刺。

（2）弯曲

弯曲就是使工件获得各种不同形状的弯角。弯曲模上使工件弯曲的工作部分要有适当的圆角半径，以避免工件弯曲时开裂。

（3）拉深

拉深是将平板坯料制成杯形或盒形件的加工过程。拉深模的冲头和凹模边缘应做成圆角，以避免工件被拉裂。冲头与凹模之间要有比板料厚度稍大一点的间隙（一般为板厚的 1.1～1.2 倍），以减少摩擦力。为了防止出现褶皱，坯料边缘需要用压板（压边圈）压紧。产品的实际拉深过程会产生拉裂的缺陷。

五、冲压检具的设计与操作

（一）检具的设计

产品的冲压基准与各检验基准基本分布于产品的对应位置。为对冲压件进行全面检测，在将产品置于检具的主检形体上时，必须加垫一块规定厚度的标准垫块，并使产品下平面与主检形体上平面之间的任一法向距离（间隙）都保持标准垫块厚度的垂直距离。根据这一特点，应首先设计主检形体。主检形体上平面的边沿各点尺寸都应与产品的公称尺寸（外形尺寸）相同，其公差值应比冲压件外形公差高 2～3 个精度等级，主检形体侧面与产品的弯曲角度呈法向垂直延伸，产品在主检形体上的定位以产品本身所选定的加工孔（或工艺孔）为基准，这样就可检查产品的基准孔是否合格。各夹紧器根据 P.C.M 图的要求，按序号规定排列，并通过联结块固定于主检形体侧面的适当位置。检查产品边沿尺寸公差水平波动的配合镶块也同样固定于主检形体侧面的规定位置上。任意曲面检板是设计中的一项重要内容，它根据 P.C.M 图或用户的具体要求设置于主检形体上 X、Y、Z 坐标点所确定的位置上。根据检测的需要，再适当配置一些检测附件，最后设计一个能够托起形体和其他检测部件、具有较好刚性特点且平稳光滑的检测工作台架。为了保证检具的质量，在检具加工过程中必须注意以下问题：

第一，主检形体是检具的核心部件，其加工质量是检具能否应用的关键。主检形体材料采用可经热处理强化的铝合金铸造坯形，在数控仿形铣床上加工时，必须注意主检形体上形面的任意点与所对应的下形面之间的法向间距符合标准垫块厚度的尺寸，主检形体上形面边沿 10～15 mm 处及其形体侧面的加工粗糙度不应低于 1.6 μm。

第二，每个任意曲面检体均应进行严格加工。在把支架装配在检验工作平台上时，必须进行调整，使其处于准确的坐标位置上，并使任意曲面检板的下形面与主检形体的上形面间各任意对应位置的间距保持严格一致（即等于给定的某个数值）。检具在设计时，所给定的数值公称尺寸为两个标准垫块厚度加上产品料厚，以便于在检查时使用专用塞规。

（二）检具的操作

第一，按产品 P.C.M 图程序，绘制检验工艺示意图，确定检查程序。

第二，产品放入主检形体前要去掉边沿的毛刺，放入主检形体后首先检查定位孔芯的准确度。

第三，产品顺利放入主检形体上的定位孔芯后，将编有序号的压紧器依次固定于主检形体上，压紧产品（产品由主检形体上的标准垫块托起）。

第四，用专用塞规插入产品上各孔及进入主检形体对应位置的孔套之中，检查各孔及孔芯是否处于合格范围。

第五，用专用塞规检查产品与主检形体边沿处尺寸的垂直波动情况，利用主检形体侧面的配用镶块，检查产品外形边沿处尺寸的水平波动情况。

第六，用专用检板检查产品各规定压形处的深度及形状，用塞尺检查其间隙，以此确定该处的质量状况。

第七，用任意曲面检体上的检板，在规定的坐标位置，用专用塞规检查产品上形面与检板下形面各点的距离（给定值），以此确定该截面的质量状况。

六、冲压模具、检具选材

（一）汽车冲压模具用钢使用性能的基本要求

第一，具有高硬度和强度，以保证模具在工作过程中抗压、耐磨、不变形、抗黏合。

第二，具有高耐磨性，以保证模具在长期工作中，其形状和尺寸公差在一定范围内变化，不因过分磨损而失效。

第三，具有足够的韧性，以防止模具在冲击负荷下产生脆性断裂。

第四，热处理变形小，以保证模具在热处理时不因过大变形而报废。

第五，有较高的热硬性，以保证模具在高速冲压或重负荷冲压工序中不因温度升高而软化。

（二）汽车冲压模具所使用材料的种类

汽车冲压模具所使用的材料有碳钢、合金钢、铸铁、铸钢、硬质合金、低熔点合金、锌基合金、铝青铜、合成树脂、聚氨酯橡胶、塑料等。常用的材料以金属材料为主，常用的模具工作部件材料有碳素工具钢、低合金工具钢、高碳高铬或中铬工具钢、中碳合金钢、高速钢、基体钢，以及硬质合金、钢结硬质合金等。选择冲压模具零件材料时应根据使用条件、工艺要求、结构特点、材料特性等合理选用。汽车覆盖件拉深模及部分修边模、翻边模、整形模中与工件接触的凸模、凹模、压料圈、顶出器等工作零件都采用铸造成形方式生产。

（三）汽车冲压模具的热处理和表面处理

为了提高模具工作表面的硬度、耐磨性和耐腐蚀性，延长模具使用寿命，必须采用热处理和表面处理新技术。除了人们熟悉的镀硬铬、氮化等表面硬化处理方法，近年来模具表面性能强化技术发展很快，实际应用效果很好。

用于冲压模具表面处理的技术包括扩散处理（氮化、软氮化、渗碳、碳氮共渗、渗硫、渗金属等）、气相沉积（化学气相沉积和物理气相沉积）、表面淬火（感应淬火、火焰淬火、激光淬火、电子束及电弧加热淬火等）、表面镀层（喷镀、电镀等）。其中，化学气相沉积、物理气相沉积是发展较快、应用较广的表面涂覆硬化处理的新技术。它们对提高模具寿命和减少模具昂贵材料的消耗有着十分重要的意义。

（四）冲压模具材料的选用原则

合理选取模具材料及实施正确的热处理工艺是保证模具寿命的关键。不同用途的模具，应根据其生产批量、工作状态、受力条件及冲压件材料的性能等因素综合考虑，并对上述要求的各项性能有所侧重，然后做出对钢种及热处理工艺的相应选择。

1.生产批量

当大批量生产冲压件时，模具的工作零件（凸模和凹模）的材料应选取质量高、耐磨性好的模具钢，对于模具的其他结构部分的零件材料，也要相应地提高其品质。在小批量生产冲压件时，对材料性能的要求要适度降低，使模具成本下降。

2.冲压件材料的性能

当冲压件使用的材料较硬或变形抗力较大时，冲压模具的凸、凹模应选取耐磨性好、强度高的材料，如拉深不锈钢时，可采用铝青铜凹模，因为它具有较好的抗黏着性。

3.模具零件的使用条件

导柱、导套要求耐磨并具有较好的韧性，故多采用低碳钢表面渗碳淬火。另外，还可以采用冷处理和深冷处理、真空处理和表面强化的方法提高模具零件的性能。对于凸、凹模工作条件较差的冷挤压模，应选取硬度、强度、韧性、耐磨性等综合机械性能较好的模具钢，同时应具有一定的红硬性和热疲劳强度等。

模具材料要根据模具零件的使用条件来决定，在满足主要条件的前提下，选用价格低廉的材料，以降低成本。

第三节 锻压技术在汽车制造中的应用

一、铝合金锻造技术在汽车工业中的应用

（一）应用现状及趋势

随着汽车工业的发展，各国政府对汽车排放的政策法规要求日趋严苛。无论对于燃油车还是电动车，汽车轻量化都是有效提高产品竞争力的重要手段，其主要途径之一就是采用轻质金属零件替代传统钢质零件，从而降低燃油车的排放，提高电动车电池的续航能力。

铝合金密度小，其密度只有钢的三分之一，同时导热性能、加工性能和耐腐蚀性等都优于钢，典型的铝合金材质零件一次减重效果可达到 30%～40%，二次减重效果可提高到 50%。铝合金材质零件的主要生产工艺分为铸造和锻造：采用铸造工艺生产的零件主要为壳体类和支撑类，如发动机缸体缸盖、变速箱壳体、转向器壳体、发动机托架、转向器支架等；采用锻造工艺生产的零件主要为力学性能要求较高的零件，如车轮、底盘悬架系统控制臂、转向节、空调压缩机涡旋盘等。

（二）典型汽车用铝锻材料

用于汽车工业的铝合金锻造原材料一般采用挤压或铸造棒材，其材料牌号一般来源

于美国铝业公司注册登记、国际标准化组织（International Organization for Standardization，简称 ISO）和各国制定的变形铝合金标准。我国的变形铝合金牌号表示方法参照的标准为《变形铝及铝合金牌号表示方法》，此外相关的国家标准还有《变形铝及铝合金化学成分》《汽车用铝及铝合金挤压型材》。

（三）典型汽车用铝锻零件及成形工艺

1.整体式车轮

铝合金整体式锻造车轮是基于汽车轻量化、高效节能需求而不断发展起来的一类产品，一般采用 6061 和 6082 铝合金制造。相比于传统的铸造车轮，铝合金整体式锻造车轮组织性能更加优越，重量轻、强度高且表面质量好，但由于工艺复杂、设备投入大，其制造成本居高不下，只能在高端乘用车和商用车中得到一定的应用。

整体式锻造车轮的成形工艺根据产品结构特点、应用场景和批量不同，一般选择不同的工艺流程，目前市场上常用的成形工艺及其应用情况如表 3-1 所示。

表 3-1 整体式锻造车轮成形工艺类型及应用情况

序号	锻造工艺类型	需要设备	适用产品
1	辗压旋压复合五步成形	1 台辗锻机、2 台模锻液压机、1 台扩口机、1 台旋压机	轮辐带花型的轿车车轮、卡车车轮、客车车轮
2	模锻旋压复合五步成形	1 台或 2 台模锻液压机、1 台扩口机、1 台旋压机	轮辐不带花型的轿车车轮、卡车车轮、客车车轮
3	辗锻旋压复合三步成形	1 台辗锻机、1 台扩口机、1 台旋压机	轮辐不带花型的轿车车轮、卡车车轮、客车车轮
4	一步或多步模锻	1 台或多台热模锻压力机	轿车车轮、卡车车轮
5	液态模锻	1 台热模锻压力机	卡巴车轮、部分轿车车轮

整体式锻造车轮完成锻造成形后通常需要热处理、机械加工及表面处理等锻后处理。其中，热处理一般采用 T6 热处理工艺（固溶处理+人工时效）以提高车轮各部分的强度。

2.控制臂

汽车控制臂也叫摆臂，是汽车底盘系统的重要零件，它的综合力学性能对车辆的安全、操稳等性能起着至关重要的作用，一般采用 6082 铝合金制造。控制臂分为前控制臂和下控制臂：前控制臂是悬架的向导和支撑，其变形会影响车轮的定位，降低行车稳定性；下控制臂主要是用来支撑车身、减振，缓冲汽车行驶中的振动。

早期的控制臂多采用铸铁、铸钢或钢板冲压焊接制成，伴随着材料加工技术的提高，锻造铝合金控制臂正逐步替代钢制控制臂，并在国内外中高档车上实现批量应用。

铝合金控制臂的典型锻造工艺包括下料、加热、制坯、成形、切边、热处理和表面清理工序。其中制坯工序根据产品形状结构不同可采用辊锻、楔横轧等方式，部分产品还需要采用弯曲和预锻以降低终锻成形的难度。热处理一般进行固溶和时效处理，以提高产品的力学性能；表面清理可采用抛丸或喷砂处理，去除工件表面氧化皮并改善工件力学性能。

3.转向节

转向节是汽车前桥总成及前悬架系统中的关键结构件，它连接前桥和转向系统，不仅承载汽车全部重量，传递转向动力，还承担着来自地面的冲击和车轮侧向制动等产生的负荷，是汽车行驶中安全性的有力保证。转向节在汽车底盘部件中属于形状复杂的保安件。

铝合金转向节的锻造工艺一般包括下料、加热、制坯、预锻、终锻、切边、热处理和表面清理工序。根据产品的结构和成形难度不同，可进行一次加热或多次加热，加热工序可在制坯、预锻和终锻任一工序之前，热处理一般也采用固溶和时效处理。

4.涡旋盘

汽车空调压缩机经历了四代发展过程。第一代压缩机为往复直立活塞式压缩机，之后演变为第二代斜盘式、摇板式和径向辐射式压缩机，进而发展为第三代回旋式压缩机，如旋叶式压缩机、滚动活塞式压缩机、螺杆式压缩机和三角转子式压缩机。现在第四代高效率的涡旋式压缩机已经开发了二十多年，并且实现了产业化、规模化生产。涡旋盘是涡旋式压缩机的关键构件，有动盘和静盘之分，材质一般为 4032 铝硅合金，结构比较复杂，性能要求高，目前国内外一般采用一步或两步背压成形锻造工艺生产，也有部分企业采用液态模锻工艺生产。

（四）典型铝锻设备

汽车铝锻零件生产设备通常包括下料、加热、成形和锻后处理设备，其中成形设备最为关键，根据零件结构和成形目的的不同可选择辊锻机、楔横轧机、液压机、机械压力机、螺旋压力机、辗锻机和强力旋压机等。

铝合金锻造温度范围窄，不宜在模锻设备上直接制坯，宜选择辊锻机、楔横轧机或辗锻机等进行预制坯，以提高产品的材料利用率。另外，铝合金材质对锻造变形速度比较敏感，速度越快则加工硬化问题越严重，变形抗力也会随之增加，进而导致可锻性降低，而且热效应会导致锻件出现过热或过烧问题。因此，对于大型铝合金零件的锻造，首选成形速度比较慢的液压机；对于中小型铝合金模锻件，常选用机械压力机或螺旋压力机；对于铝合金车轮的锻造，通常需要用到强力旋压机。

总之，铝合金锻造技术在汽车工业中的应用正逐渐增多，但由于汽车铝锻件价格较高，主要应用于高端车型，市场总需求量并不大，而且一直以来国内生产铝合金锻件的企业大多只能为售后市场提供产品，产品质量要求不高，缺乏持续提升铝锻技术的动力。随着汽车轻量化和电动化的不断发展，全球汽车厂商面临越来越激烈的竞争和成本压力，越来越多的铝锻产品将直接在中国生产，给国内具备铝锻件生产能力的企业提供了前所未有的发展机遇。

二、冲压工艺在汽车制造中的应用

（一）冲压工艺在汽车制造中的应用概述

1.冲压技术在汽车制造业占有重要地位

汽车上有 60 %～70 %的零件是采用冲压工艺生产出来的。因此，冲压技术对汽车的产品质量、生产效率和生产成本都有重要的影响。

由于冲压工艺具有生产效率高、尺寸一致性好、原材料消耗低等优点，所以，汽车上的许多结构件广泛采用冲压件。例如，车身的内、外覆盖件和骨架件；车架的纵梁、横梁和保险杠等；车轮的轮辐、轮辋和挡圈等；散热器的散热片、冷却水管和储水室等；发动机的气缸垫、油底壳和滤清器等；底盘上的制动器零件、减振器零件等；座椅的骨架、滑轨和调角器等；车厢的侧板和底板等；车锁及其他附件上的零件等。

这些零件采用冲压工艺来生产，不仅质量轻、强度和刚性好，而且工艺过程较简单、尺寸的一致性好、材料消耗少。因此，采用冲压工艺来生产汽车零件不仅可以提高生产效率，还可以降低生产成本，使汽车工业得以迅速发展。

2.汽车制造业冲压生产的特点

（1）产品（冲压件）方面

汽车上的冲压件具有尺寸大、形状复杂、配合精度及互换性要求高、外观质量要求高等特点。对于不同的零件，还有不同的工艺特点，所用的设备、模具、材料都不同。例如，汽车覆盖件多是三维非数学曲面，它不仅外观质量要求高，以满足汽车造型的要求，而且要求配合精度高、形状和尺寸的一致性好，以保证焊接和装配的质量。因此，生产汽车覆盖件所用的设备、模具和原材料，都和一般冲压件生产所用的设备、模具和原材料有所不同。

（2）冲压设备方面

汽车工业用的冲压设备，具有吨位大、台面尺寸大、性能要求高、生产效率高等特点。压力机吨位在 160 kN～40 000 kN，覆盖件拉深多采用双动压力机。为了适应流水生产的要求，减少换模时间，应广泛采用活动台面的压力机。为了满足大量生产的要求，还应采用多工位压力机，广泛采用机械化、自动化的冲压生产线。

（3）冲压材料方面

冲压材料的品种和规格很多，包括黑色金属、有色金属和非金属材料，厚度为 0.05 mm～16 mm。

钢板（带）必须具备强度高、工艺性能好等性能。例如，覆盖件和壳体件用的材料，对拉深性能要求特别高；纵梁和横梁用的材料，对弯曲性能和强度要求很高。另外，人们还为汽车专用的材料制定了专门的技术标准。

（4）模具方面

由于汽车零件的尺寸大、形状复杂、生产批量大，因此汽车工业的模具也具有尺寸大、形状和结构复杂等特点。以汽车覆盖件冲模为例，其模具形状复杂，需要有主模型（或数据软件）作为依据，在仿形铣床（或数控铣床）上加工，用三坐标测量机进行检测，用专门的研配压床满足模具的研配需要。这些都是和一般模具制造不同的。

（5）生产和管理方面

汽车生产的规模以大批量生产为主，尤其是轿车。冲压生产多采用机械化流水作业的生产方式，也有部分采用自动或半自动的生产方式。

汽车生产采用专业化、大协作配套生产，许多零部件都是由配套厂生产的。为了确保主机（汽车）厂的产品质量和生产的顺利进行，主机厂对零部件（配套）厂家的选择和管理是非常严格的。

3.汽车工业发展是推动冲压技术发展的强大动力

汽车工业是国民经济的支柱产业，它的提高和发展，既受各行各业的影响和制约，同时，汽车工业的发展，又必然会推动各行各业的提高和发展。

冲压技术的提高和发展，也是与汽车工业的发展紧密相连的。

（1）冲压材料

汽车工业的发展，促进了深拉延钢、汽车大梁用钢、低合金高强度钢、型钢等钢种的产生和发展。

（2）冲压设备

汽车工业的需要，促进了大吨位压力机、双动压力机、多工位压力机和活动台面压力机的发展。

（3）冲压工艺

轿车工业的发展，促进了双动拉深和精冲技术的广泛应用与发展。

（4）模具方面

汽车工业的发展，促进了实型铸造、刃口堆焊和 CAD（Computer Aided Design，计算机辅助设计）/CAM（Computer Aided Manufacturing，计算机辅助制造）技术的应用和发展。

由此可见，汽车工业发展是推动冲压技术发展的强大动力。

（二）冲压特种工艺在汽车制造中的应用

1.内高压成形技术

（1）内高压成形技术概述

内高压成形是一种以液体为传压介质，利用内高压（工作压力通常为 100 MPa～400 MPa，最高为 1 000 MPa）使金属管坯变形，成为具有三维形状零件的现代塑性加工技术。内高压成形属于液压成形的范畴，其原理是通过对管坯内部液体加压和两端轴向加力补料，把管坯压入模具型腔中使其成形。高压流体通常使用水或液压油，在某些特殊用途上也可能使用气体，或低熔点金属粉末性集合物。

内高压成形的基本工艺过程：首先将管坯放入下模，闭合上模，然后在管坯内充满液体并开始加压，在加压的同时管端的压头与内高压建立一定的匹配关系，向内进给补料，使管坯成形。内高压成形适用于制造航空航天及汽车工业新使用的沿构件轴线有变化的圆形、矩形及异形截面空心构件。

目前，内高压成形工艺主要用来制造变径管、弯曲轴线异形截面空心零件和薄壁多通管零件。这类零件的传统制造工艺是先将两个或两个以上半片冲压件进行冲压成形，再将其焊成整体零件。为减少焊接变形，一般采用点焊工艺，因而得到的零件不是封闭的截面，而且冲压件截面形状相对比较简单，难以满足结构设计的需要。

（2）内高压成形工艺的技术特点

在副车架等零件的成形方面，内高压成形的加工方式与传统的冲压焊接工艺相比有着较大的优势，其特点如下：

①减轻重量，节约材料。框、梁类结构件的内高压成形件比冲压件减轻 20%～40%；空心轴类件可以减轻 40%～50%。

②减少零件和模具数量，降低模具费用。内高压成形件通常仅需要一套模具，而冲压件生产大多需要多套模具。例如，副车架的生产模具可以由 6 套减少到 1 套，散热器支架模具可以由 17 套减少到 10 套。

③减少后续机械加工和组装焊接量。以散热器支架为例，内高压成形件的散热面积增加了 43%，焊点由 174 个减少到 20 个，装配工序由 13 道减少到 6 道，生产率提高了 66%。

④提高零件的强度和刚度，尤其是疲劳强度。仍以散热器支架为例，内高压成形件的疲劳强度在垂直方向提高 39%，水平方向提高 50%。

⑤降低生产成本。根据德国某公司对应用内高压成形技术生产的零件的对比分析，内高压成形件的成本比冲压件的成本平均降低 15%～30%，模具费用降低 20%～30%。

（3）内高压成形技术的应用

内高压工艺适用于成形沿构件轴线变化的圆形、矩形或异形截面空心构件，包括汽车副车架、散热器支架、底盘构件、车身框架、座椅框架、前轴、后轴、驱动轴及凸轮轴等。

2.板材热成形技术

为了达到不断提高的碰撞安全标准，降低油耗和减少排放，车身支柱等零件需要使用超高强度钢板，但是超高强度钢板冷冲压成形难度极大，因此需要采用热成形工艺。

热成形技术是一项专门用于成形高强度钢板冲压件的新技术，可以成形强度为 1 500 MPa 的冲压件，而且高温下几乎没有回弹，具有成形精度高、成形性能好等优点，目前热成形技术在国外发展十分迅速。

板材热成形是将坯料加热到再结晶温度以上的某一适当温度，使板料在奥氏体状态时进行成形，以降低板料成形时的流动应力，提高板料的成形性。为了防止热加工导致板材强度降低，热成形方法还必须辅以合适的热处理方式。板材热成形工艺流程为：落料—预成形—加热—冲压成形保压（使零件形状稳定）—去氧化皮—激光切边冲孔—涂油（防锈处理）。成形后续工艺：处理表面氧化皮（喷丸），激光切割机完成零件外周边和孔的加工。

热成形是一条专用生产线，包含加热设备、传送机构、热成形液压机、上下料机构和带有快速冷却系统的热成形模具等。设备工装一次性投资比较大，制造成本较高。

3.精密冲裁技术

（1）精密冲裁加工的零件

精密冲裁包含强力压边精密冲裁和对向四模精密冲裁，可加工齿轮、棘轮、链轮、凸轮、法兰盘、夹板、杠杆、拨叉、摩擦块、离合器片等各种扁平类零件。精密冲裁取代传统的切削加工，具有优质、高效、低耗的特点，技术经济效果显著。

（2）适用于精密冲裁工艺的材料

①钢材，大约 95 %的精密冲裁零件材料是钢材，其中大部分是低碳钢。

②铜和铜合金。

③铝和铝合金。

（3）精密冲裁工艺润滑

在精密冲裁过程中，为了使模具工作面和工件剪切面之间得到润滑，必须保证在模具工作部位设计储存润滑剂的相应结构，润滑剂数量充足，采用耐压、耐温和附着力强的润滑剂。

（4）精密冲裁模具

精密冲裁模与普通冲模复合模相比，主要有以下特点：

①精密冲裁模的压板和推件板在剪切过程中将对金属板施加较大压力,在剪切区域产生三向压力,而普通冲模的压板和推件板只起卸料和推件作用。因此,精密冲裁模具所承受的载荷要比普通冲模大得多。

②精密冲裁模的凸模与凹模之间的剪切间隙很小,约为普通冲模的 5 %～10 %。

③精密冲裁模的压料板上有凸出齿圈,而普通冲模是平的。

④精密冲裁模冲内形孔采用推料杆顶出全部废料,普通冲模大部分是由主凹模漏料。

⑤精密冲裁模具要求精度高、强度大、刚性好和工作平稳可靠等。

4.TOX 冲压连接技术

（1）TOX 冲压连接技术原理与应用

TOX 冲压连接技术是一种新兴的板件连接技术。其基本原理是利用一个简单的圆形凸模,在普通的冲压设备上,通过一个冲压过程将被连接的板件挤压进相应的凹模,在进一步的挤压作用下,凸模侧的板件材料挤压凹模侧的板件材料,使板件在凹模内流动变形,如此即可产生一个既无棱边,又无毛刺的连接圆点。在连接过程中,有漆层或镀铬、镀锌层的板件,其漆层或镀层也随之流动变形,不会被损坏,故此连接圆点不会影响板件材料的抗腐蚀性。连接过程自动化程度高,可单点或多点同时连接,并能进行无损伤连接强度检测及全过程自动监控,生产效率很高。

（2）TOX 冲压连接的材料范围

①板材材料

相同或不同的金属材料、板材及型材。

②板件厚度

最小单层板厚度约为 0.3 mm,最大组合板厚约为 8.0 mm。

③板件表面

板件表面包括无镀层的表面、单面或双面镀层的表面、喷漆的表面、覆以塑料薄膜的表面、有油的或干燥的表面。

④板件层数

板件层数一般有 2 层、3 层、4 层,中间夹层（纺织物、塑料、箔、薄膜纸）。

（3）TOX 冲压连接技术的优势

①与点焊相比,节省费用 30 %～60 %。

②动态疲劳连接强度远远高于点焊。

③可多点同时连接，生产效率高。

④不损伤连接点处工作的镀层或涂层，无连接变形。

⑤可简便地对连接强度进行无损伤检测。

⑥材料在连接点处受到挤压，从而被强化，不会出现力学上的应力集中现象。

⑦无论在极狭窄的法兰边缘还是在很小的安装空间，都可以完美地实现 TOX 冲压连接。

⑧模具简单，凸模、凹模中均无活动零件，易于加工。

⑨可对等厚或不等厚的材料进行多层连接。

⑩不损伤连接处母材的涂层或镀层，连接后的工件无畸变，不需要整形。

⑪可自动监控和输出连接加工过程状态。

⑫容易实现自动化流水生产。

（三）冲压工艺在汽车制造中的发展趋势

1.冲压工艺向机械化、自动化、柔性化发展

现代汽车冲压工艺日益呈现生产规模化，多车型共线生产，车身覆盖件大型化、一体化的特征。传统的加工单一品种的刚性生产线显然已不适应市场形势发展的要求。现代汽车工业生产的要求不断促进冲压工艺向柔性化和自动化发展。同时，冲压成形技术正在向着高精度、多功能、节能减排、安全可靠及清洁生产的方向发展。

（1）冲压机械化和自动化的发展趋势

大量采用卷料、带料，实现卷料开卷、校平、剪切或落料、堆垛；车身大型覆盖件生产线采用机械化或自动化生产，工序间配置机器人、机械手或横杆式传输装置；采用级进模生产中小冲压件；选用多工位压力机；等等。

（2）冲压工艺向机械化和自动化发展的主要特征

①固定在单机和生产线上的零件品种少，生产批量大，是实现机械化和自动化的重要条件。生产纲领越大，固定的零件品种越少，机械化和自动化辅具越少，更换品种的辅助时间越少，设备开动率越高。

②冲压件工艺性好是实现机械化和自动化的有利条件。多数车身覆盖件形状趋于简化、拉深深度趋于浅拉深，从而简化工艺流程，减少自动化难度。

③大型自动化冲压生产线与大型多工位压力机的发展，是当今大型冲压装备自动化技术发展的两大趋势。

2.向伺服压力机冲压工艺发展

近年来，随着交流伺服电动机驱动成形装备技术的发展，出现了滑块运动曲线可调的各种交流伺服驱动压力机，压力机的工作性能和工艺适用性大大提高，设备朝着柔性化、智能化的方向发展，逐步适应了快速冲压自动化生产线的需要。

大型伺服压力机将伺服电动机技术和CNC（Computer Numerical Control，数控机床）控制与压力机相结合，可以取消压力机的飞轮和制动器，可以根据冲压对象任意设置压力机滑块运行模式。采用伺服压力垫代替传统气垫，在生产效率、成形性能、精度和设备稳定性等方面，远远超过普通压力机，还具有节能、噪声低等特点。伺服压力机可以实现滑块行程曲线的数字化控制，更加适应不同产品的冲压生产需要，是今后压力机发展的主要方向。

3.向内高压成形工艺技术发展

（1）超高压成形

为了适应成形件更复杂的结构形状和精度、更大的壁厚和更高的材料强度（超高强度钢、钛合金和高温合金等），液体内压需要更高，将发展到600 MPa，甚至1000 MPa。

（2）热态内压成形

高性能铝合金、镁合金等轻合金材料，在室温下塑性低，成形困难。采用加热加压介质来成形异形截面零件，是内高压成形发展的一个重要方向。目前，以耐热油作为介质可以达到300℃的温度和100 MPa的压力，完全能满足铝合金和镁合金管材成形的需要。热态内压成形的主要问题是成形时间长、效率低。钛合金需要温度达到600℃才能成形，目前的耐热油无法达到这个温度。以气体作为高温高压成形介质是一个很好的解决方案。

（3）超高强度钢成形

随着汽车对结构轻量化需求的进一步提高，车体上使用的钢材强度越来越高，材料塑性降低。例如，钢材强度由250 MPa提高到1 000 MPa，塑性由45 %降低到12 %。材料塑性降低导致开裂倾向严重，成形难度增大，需要对弯曲、预成形、内高压成形工艺、壁厚分布和润滑等进行深入研究。

（4）新成形工艺不断发展

拼焊管内高压成形，将不同厚度或不同材质的管材焊接成整体，然后再用内高压成形加工出结构件，以进一步减轻结构质量。可以采用两端直径不同的锥形管，制造特殊结构零件，如轿车碰撞时吸收能量结构；可以用双层管内高压成形制造轿车双层排气管件，提高轿车尾气三元催化和净化效果；还可以采用初始截面形状为非圆形的型材管作为一种预制坯成形出设计要求的零件；也可以将内高压成形与连接等工艺复合，把几个管材或经过预成形的管材放在内高压成形模具内，通过成形和连接工艺复合加工为一个零件，进一步减少零件数量和提高构件整体性。

4.向多件生产工艺发展

多件冲压件拼合冲压可以提高冲压效率，提高材料利用率和降低模具调试难度。双模冲压，是将车身左右件的两套模具安排在同一台压力机上进行冲压生产，比左右拼合一套模具冲压具有优势。四件同时冲压，是指在一次冲压工序中使用一模四件的冲压模具，可同时生产四件门外板。

第四节 锻压技术在汽车车架制造中的应用

一、锻造技术在汽车车架制造中的应用

在汽车工业的快速发展中，车架作为承载整个车辆结构的核心部件，其制造工艺的先进性直接关系到车辆的性能与安全。锻造技术凭借在材料性能优化方面的显著优势，已成为汽车车架制造中不可或缺的工艺之一。

（一）锻造技术在材料性能优化中的作用

锻造技术通过外力作用使金属产生塑性变形，不仅改善了材料的内部组织结构，还

显著提升了材料的机械性能。在车架制造领域,锻造技术主要用于加工高强度钢和铝合金材料,这些材料经过锻造后,晶粒得到细化,屈服强度和抗拉强度得到增强。同时,锻造工艺有效减少了材料内部的缺陷,如孔洞和夹杂,从而确保车架在承受重载和冲击时的可靠性和耐久性。此外,锻造工艺还可以对车架的关键受力区域进行局部强化,通过增加材料的厚度和强度,满足更为严苛的力学性能要求。

(二)锻造技术与车架轻量化的结合

轻量化是汽车设计中的重要趋势,它对于提高燃油效率、降低排放、提升操控性能具有显著影响。锻造技术在实现车架轻量化方面发挥着关键作用。通过精确控制锻造工艺参数,制造商能够生产出既轻巧又坚固的车架部件。特别是铝合金车架,采用锻造工艺后,相比传统钢制车架,重量可减轻 40%。这种轻量化的车架不仅能够降低整车质量,还有助于提升汽车的动力性能和制动效果。同时,锻造技术也使得车架结构的优化设计成为可能,通过减少材料使用、采用中空或变截面设计,进一步减轻汽车重量,同时不会降低汽车的承载能力。

(三)锻造技术在车架制造工艺中的应用

在车架制造过程中,锻造技术的应用贯穿了从材料选择到最终产品完成的多个环节。高强度钢材和铝合金材料在锻造过程中展现出优异的成形性能,使得复杂的车架部件制造成为可能。根据车架部件的具体要求和材料特性,可选择和应用热锻、冷锻和温锻等不同的锻造方式。热锻适合形状复杂、尺寸较大的部件,而冷锻则更适用于尺寸较小、精度要求高的部件。在锻造过程中,对温度、速度和压力等参数的精确控制至关重要,它们直接影响车架部件的尺寸精度和表面质量。锻造后的车架部件通常还需要经过热处理、校正和表面处理等后续工序,以进一步提升汽车的性能和延长汽车的使用寿命。

(四)锻造技术的未来发展趋势

随着材料科学和锻造技术的持续进步,未来的车架制造将更加注重材料微观结构的控制和性能的优化。多向锻造技术通过在多个方向上施加压力,能够进一步细化晶粒,提高材料的均匀性和综合性能。在铝合金车架的制造中,多向锻造技术展现出巨大的潜力,显著提升了车架的抗腐蚀性、抗剥落腐蚀性能及超塑性。在未来,锻造技术将向着更高效、更环保的方向发展，新型锻造设备和自动化技术的应用将进一步提高生产效率和材料利用率，同时减少能源消耗和环境污染。计算机模拟和智能化技术的应用将使得锻造过程的优化设计和实时控制成为可能，进一步提升锻造技术水平，为制造更安全、更环保、更高效的汽车车架贡献力量。

二、冲压工艺在汽车车架制造中的应用

（一）概述

1.车架总成的结构

无论是重型、中型或轻型载货汽车，还是吉普车或大客车，都有车架总成。只有部分小面包车和小轿车的车架是与底板和车身连在一起的，没有独立的车架总成，但前后底板总成或副车架总成，也能起到车架总成的作用。

一般载货车的车架都是由左右两根纵梁与若干根横梁经铆接或焊接制造而成。纵梁的内外腹面为了与发动机总成、驾驶室总成、车厢总成、悬挂总成（前后钢板弹簧及减振器）、转向机总成等相连接，还要铆接或焊接一些支架类零件。对于中型以上载货卡车，其发动机支架、前后钢板弹簧的前后支架、转向机支架等都是由球墨铸铁的铸件经机械加工而成。一般轻型卡车的这类支架都是由中厚钢板的冲压件经焊接后再加工而成的。

纵梁的横断面形状一般为槽形，利用高强度的热轧中厚钢板冲压成形。也有的重型载货车直接采用钢厂轧制的槽钢经过钻孔作为纵梁，但这样做会增加车体的自重。为了减轻车体的自重，现代汽车都是采用冲压件做纵梁，而且纵梁的前后端与中间部位是不等断面的。根据载荷的分布情况，前后端为窄断面，中间承载的部位断面尺寸较大。有的纵梁根据载荷分布部位和易损部位在设计中采用加强板结构，也有的纵梁在内外侧都加上加强板。加强板的结构、形状、尺寸也各不相同。

车架横梁根据作用不同，其形状、尺寸比较多，有拱形梁，有组合横梁，有用圆钢或方钢成形的横梁。为降低发动机的高度，车架前横梁向下弯曲，而发动机后悬置梁向下弯曲的曲率更大些。车架中横梁和后钢板弹簧前横梁，由于传动轴在下面纵向通过，又有传动轴支架固定其上，所以这些梁多数做成向上拱形。为简化工艺和降低制造成本，横梁尽量通用。对于传动力和受力较大的横梁也可以焊接上加强板。例如，吨位较大载货车的双后桥传动的平衡轴横梁，可采用组合型横梁，并加上加强板。

横梁与纵梁的连接形式是多种多样的。中吨位以上的载货车，其车架多数采用铆接结构，少数的吉普车或面包车的车架采用焊接结构。根据横梁受力的不同，横梁与纵梁的连接形式也不同，一般受力较小的发动机前、后横梁，驾驶室后悬置横梁，车架后横梁等都是将横梁两端的上下翼面与纵梁上下翼面直接铆接。受力较大的横梁，多数采用连接板形式，间接与纵梁腹面铆接。例如采用槽形连接角板，角板的腹面与纵梁的腹面铆接，而角板的上下翼面与横梁的上下翼面铆接，可以使横梁与纵梁的上下翼面无连接关系，从而使纵梁的上下翼面不易断裂。

面包车、吉普车和轿车的车架结构比较复杂。因为汽车整体要求重心低，有的汽车制造商为了便于驾乘人员上下车，会降低车门高度，所以纵梁不是平直的且局部有较大的弯曲。有的纵梁为了满足强度、寿命或装配要求，其断面是焊接成方盒形结构的。

2.车架的作用

车架总成是汽车的基础，其结构尺寸也最大，汽车上的驾驶室总成、转向机总成、车厢总成都是直接装于车架总成之上的，所以车架总成既是一个承载构件，又是一个传力构件。发动机总成直接装于车架的前端或后端（多数大客车是后置发动机）。发动机的扭矩（动力）通过离合器、变速箱和传动轴传给后桥（或前桥），驱动汽车前进或后退，这种前进的动力和承载力都是通过前后钢板弹簧支架传给车架总成的。大客车的车身及面包车、吉普车和部分小轿车的车身都是直接装于车架之上的。所以在设计上，车架的使用寿命一般都会高于两次发动机的大修里程（寿命）。

3.车架总成的技术要求

汽车是质量要求很高的行走机械，车架总成作为汽车的基础总成，要为保证整车装配质量打下良好基础，以下几组数据和部位的要求较为严格：

第一，装发动机的四个悬置孔位有公差要求。用专用量具测量，用专用夹具矫正两个后悬置孔的宽度尺寸。

第二，前后钢板弹簧的左右支架的销孔有同心度要求。

第三，车架总成的上翼面的平度及车架的扭曲度，还有纵向侧弯有公差要求。

第四，纵梁与横梁的装配垂直度，整个车架总成的对角线长度及车架宽度尺寸有严格的公差要求。

关于铆接或焊接质量有以下几方面要求：

（1）对铆接间隙的要求

严格来说，铆接件之间不允许有间隙，但纵梁、横梁的局部平度差，支架类零件局部变形，铆钉孔偏或有毛刺，纵梁、横梁的正负回弹差，铆钉机压力不足，铆钉本身硬度高、成形性差等都会引起铆接间隙。但由于受力部件的不同，在设计上允许有一定范围的间隙。例如发动机支架、钢板弹簧支架等各种支架类零件允许有 0.05 mm～0.15 mm（在 3 倍铆钉直径范围内测量）的铆接间隙，各种横梁与纵梁之间的铆接间隙不大于 0.20 mm。

（2）对铆接的其他缺陷要求

一是不允许存在各种形式的铆歪钉现象，如果出现歪钉要铲掉，重新铆接；二是铆钉头成形直径不小于 1.5 倍的钉杆直径；三是铆接后铆钉不允许松动，铆接件更不允许松动，铆钉应充满铆钉孔的直径。总之铆钉不允许存在剪力。

（3）对焊接质量的要求

支架类零件及小型车纵梁与横梁之间一般都是采用电弧焊或气体保护焊方法。这种焊接方法不仅能保证装配位置准确，还能保证焊缝长度、焊脚高度、焊接熔深等都达到设计技术要求。一般纵梁的加强板与纵梁装配是采用点焊工艺焊接，多采用 400 kV·A 以上的功率焊接，主要防止假焊、开焊、焊穿等缺陷，焊前应除掉锈蚀、氧化皮、油污之类，焊点直径和焊接质量应按要求调整，达到焊牢的目的。

（4）一些装配后的缺陷，允许用强制矫正方法来消除

在装配发动机的后悬置部位时，由于前横梁与中横梁距离较远，而左右纵梁之间的宽度尺寸变化较大，给装配带来困难，可以用夹具校正纵梁之间的宽度。若车架装配后有前后扭曲及纵向侧弯等缺陷，可以用各种方法向相反的方向矫正。

为了得到合格的车架总成，除了注意装配质量，也要控制纵梁、横梁和支架类零件的质量。没有合格的零部件，很难装配出合格的车架总成。对于纵梁和横梁来说，一是控制纵向和横向的正负回弹及纵向扭曲回弹。二是控制腹面和上下翼面的平度，特别是铆接部位的平度，一般平度不大于 0.3 mm，否则将影响铆接间隙，影响纵梁与横梁的垂直度，以及支架之间的同轴度和平行度。三是对孔位准确度提出明确的要求。一般图纸上一组孔之间位置度为 0.25～0.5 mm，每组孔之间的要求稍宽些，如前后钢板弹簧支架的每组孔之间位置度不大于 ±0.5 mm，上下翼面之间同组孔的同心度不大于 1 mm。在小批量生产中，若采用钻模来钻孔，则孔位置度很难保证。

对于支架类零件，主要控制铆接面的平度及形状尺寸中的垂直度，如钢板弹簧支架的铆接面与销孔之间的垂直度及孔位置准确度等。对于保安件（如转向机支架）更要严加控制。

（二）车架纵梁的分类与材料

车架纵梁是汽车上最大的部件，也是构成车架总成的主要部件。因此在考虑纵梁的结构形状时，必须考虑工艺装备的条件，而工艺装备又和生产批量的大小密切相关，所以纵梁的结构形状和制造方法也就受到汽车产量的影响。在大批量生产中，车架纵梁是利用钢板和金属模具，在大型压力机上冷冲压制造的。这种制造方法的优点是质量较稳定，制件自重轻，生产效率高，便于机械化和自动化生产，所以要求纵梁结构工艺性要好，工序少，劳动强度要低，容易实现机械化生产。

由于车架是承载构件，一般在设计上选用低合金高强度热轧中厚钢板材料，我国常用的材料牌号为 16MnL 和 10Ti 等钢材。吉普车或一吨至两吨的轻卡车，其纵梁厚度为 3～4.5 mm；中吨位卡车的纵梁厚度为 5～7 mm；八吨以上重型卡车的纵梁厚度为 8～12 mm，有的还要局部加上加强板结构。

由于纵梁几乎与汽车的纵向长度相等，所以纵梁是最长的冲压件。又由于纵梁的板材较厚，强度又高，所以在生产中选用的压力机吨位较大，工作台面也较长。一般不超过 30 000 kN 压力机的台面长度为 5～8 m，40 000～60 000 kN 的压力机的台面长度为 10～12 m。

1.纵梁落料工序应注意的问题

第一，关于冲裁力问题。由于纵梁是汽车上最长、材料又较厚、强度又高的冲压件，所以冲裁力也较大。例如 EQ-140 和 CA141 汽车的纵梁都是采用 16MnL 牌号钢，厚度为 6 mm，如果落料凹模和所有冲孔凸模按平刃口等高计算，则总的冲裁力为 85 000～90 000 kN，目前世界上还没有这样大吨位的压力机。为了减少冲裁力，减小冲裁振动噪音，在落料模设计上，可以把波浪式的凹模刃口和冲孔凸模的高度分成几个阶层，这样可以把冲裁力减少 2/3。所以，采用 30 000～40 000 kN 压力机可以进行 6～8 mm 厚的纵梁落料冲孔。

第二，为减少纵梁落料冲孔时的噪音和振动，对波浪刃口的高度和角度也要设置一个适当的值，一般波浪刃口的高低之差为 3 倍的料厚，如料厚超过 8 mm 时，波浪刃口的高低之差为 3.5 倍料厚。波浪刃口的角度（斜刃口与水平线的夹角）一般以 3° ～ 3°30′为宜。凹模镶块的长度一般在 350～400 nm，为便于加工，每个镶块只加工一个角度，两块凹模镶块才能组成一个波峰或是一个波谷。纵向凹模两侧的波峰和波谷最好不要对称，也不要等高，高峰与高峰或波谷与波谷之间也要有两种高度，一般相差 2～3 mm，厚料相差 3～4 mm，这样不但能减少振动，而且能减小噪音。

第三，所有的冲孔凸模（冲头）可分成三种或四种高度，每（层）种高度相差 1 倍的料厚。较粗大的冲头应布置在较高层（即冲头长度较长的），其高度最好低于落料波谷刃口的 2～3 mm。直径较小的冲头应布置在最低一层（即冲头长度最短），这样可以避免退料力不均造成折断冲头的现象。

冲头的刃口形状也会影响冲裁力和噪音，一般要做成波浪刃口，波浪的高点和低点相差 1/2 的料厚，锥形高度为刃口直径的 2/3，锥角为 70°～80°。这种冲头虽然做起来费时费力，但优点很多，适合冲厚板料。一是冲头在板面上稳定性好，不易折断；二是可减少冲裁力，小的锥形突起先向凹模口中压入板料，使板料与凸模刃口接触部位受到拉力作用，当凸模刃口与板料接触时，板料很容易被切断，所以减少冲裁力就能减少冲头的磨损，从而延长冲头的使用寿命；三是减少振动，减少噪音。

2.纵梁压弯工序应注意的问题

由于有的纵梁左右为对称件，所以左右纵梁通常采用一套落料冲孔模，只是在压弯成形中，有左压弯模和右压弯模各一套，并在成形中根据毛刺面方向分出左右纵梁。这样不仅便于管理，还能提高生产效率。不足之处在于毛刺面朝下的成形纵梁，端头易开裂，或者出现左梁上需要的孔，在右梁上并不需要的情况。

在小批量生产中，压弯成形工序多数采用通用模架，在生产中更换凸模、凹模及压料板，可分出左右件。在成形之前，有的采用剪切方法代替落料，有的用气割法，然后钻出工艺孔，再成形，再钻出装配需要的孔。

为保证上下翼面上的孔的对称性、准确性及翻边高度的一致性，在成形中应注意导正销的数量及位置要求。特别在变断面纵梁的折弯处、纵向的侧弯处、上下翼面与同根横梁的装配关系处、腹面孔和翼面孔与同一个支架的装配关系处。在条件允许的情况下，应在腹面附近布置导正销孔。4.5～5.5 m 长的纵梁，应布置 5～6 个导正销孔；而 6～7 m 长的纵梁，应布置 6～8 个导正销孔。另外还要根据纵梁的复杂程度来确定导正销孔的数量。吉普车、轿车和轻卡车的纵梁比较复杂，应多布置几个导正销孔，如果纵梁的形状简单，类似直的槽钢形，则可以少布置几个导正销孔。

关于纵梁成形力的核算。纵梁成形中的压弯力是由开始产生的压弯力和到下死点终止时所产生的冲击矫正力及压料力所组成的。这三个力不能简单地叠加为压弯成形力，因为压弯力和最大的矫正力不是同时发生的。在压弯过程中，弯曲角达到 3°～60°时，压弯力最大；当弯曲角超过 75°时，压弯力下降。矫正力是压床滑块到达下死点产生冲击时而发生的，起到校正圆角的作用。矫正力比压弯力要大得多，所以往往用矫正力来代替压弯力选择压床吨位。在计算中，单位面积上矫正力的选用通常根据料厚及腹面形状的复杂程度而定。一般吉普车、轿车、轻卡车的纵梁料厚较薄，形状复杂，所以每平方毫米上的矫正力选用 30 N 或 35 N；断面简单的槽形直梁，如中吨位卡车的纵梁料厚较厚，所以每平方毫米的矫正力选用 25 N～30 N。

压料力是凹模中的压料板与凸模接触时产生的，把预成形的板料压紧，板料进入凹模口时不会对横断面产生弯曲变形的压力，使纵梁的腹面达到平度要求。压料力的大小在压力机上是可以调整的。

（三）车架纵梁冲压模具设计

1. 车架纵梁模具

车架纵梁是汽车上最大的冲压件，最大长度为 12 m。此外，由于车架纵梁是承载构件，一般在设计上选用低合金高强度热轧中厚钢板材料。国内材料的抗拉强度为 510～780 MPa，屈服强度大于 355 MPa，国外材料强度级别更高。车架纵梁料厚一般为 3～12 mm，吉普车或轻型货车的纵梁料厚为 3～5 mm，中型货车的纵梁厚度为 5～7 mm，重型货车的纵梁厚度为 7～12 mm。

由于车架纵梁是汽车上最长、材料又较厚、强度又高的冲压件，所以冲压加工时承受的冲裁力和成形弯曲力也较大，对模具的要求也比一般零件要高。模具底板材料应选用铸钢件，工作部分的材料应选用高强度耐磨的合金钢材料，且需要经过特殊的热处理工艺加工。单套模具的费用很高（一套纵梁模具费用约为 300 万元），模具的制造周期也很长，一般在半年以上。

目前，国内各汽车厂的车架纵梁品种比较多，但每种产量不高，且产品的市场生命周期都比较短。按传统的冲压工艺和模具设计方案，实现一种纵梁加工需要 2～3 套模具，模具费用为 600～900 万元。要实现所有品种的模具冲压正规化生产，费用更是高昂。因此，对于采用模具冲压工艺生产纵梁的厂家，要改进模具设计方案，提高模具柔性化，使一套模具满足多个品种生产，且保证模具换型比较方便。只有这样，才能有效降低生产成本，满足多品种、小批量生产方式要求。通常，组合模具是可行的方案，组合模具有以下特点：

①用组合模具代替专用模具生产冲压件，不仅可以大大减少模具数量，减少一次性投资总额，降低投资风险，而且使用简便。

②易于实现系列化、规格化和标准化，显著降低设计成本。

③组合模具的原理是将复杂的专用模具分解，因此易于制造和维修。

④结构紧凑，功能全，灵活性大，可以根据需要组合使用，也可以单独使用。因此具有柔性，有利于产品结构调整，使生产周期大为缩短。

⑤组合模具不同于简单冲模，在多品种、小批量生产中，冲压件质量容易保证。

⑥使用组合模具，可显著降低产品的制造成本。

组合模具是多品种、小批量生产较理想的工艺装备，它有四种基本结构形式：通用可调式、弓形架式、积木式和通用模架式。

通用可调式是由不同品种规格的单元冲模组成，各单元冲模在结构上采用拼合式，定位元件和工作元件可以方便地拆装和调整。弓形架式的主要功能是冲孔。积木式组合冲模不以单元冲模配套，而以不同品种的组合元件配套组装出需要的模具，元件必须标准化、系列化，以满足通用、互换的要求。通用模架式的模架及工件部分、定位部分均由通用元件和专用元件组合而成。通用模架式的模具既非专用冲模，又非标准模架或一般的通用模架，它既有组合的特点（全部元件可以拆装），又有专用冲模的使用优点。

现已开发的组合模具包含通用可调式的特点和通用模架式的部分特点。

2.适应组合模具方案的产品结构特点

第一，工艺孔直径、间距尽量设计一致，重型车车架纵梁相对客车车架纵梁产品结构要简单，同一系列的重型车，其车架纵梁一般只是长短的变化（汽车轴距不同，车架纵梁长短不同）。不同系列的重型车，其车架纵梁变化主要在于开口尺寸和材料厚度，不在于外形尺寸。工艺孔直径、间距统一的要求便于模具（特别是压弯成形模具）实现不同组合。

第二，同一系列的重型车的整车配置基本类似。表现在车架纵梁上，便是同一部件装配的组孔孔径及孔距一致，以及部分不同部件的相对孔位（包含多个孔径及孔距一致的装配组孔）一致。因此，在产品设计时，尽量采用模块化设计，相对孔位一致可设计成一个模块，同一系列的不同车架纵梁便是由许许多多这样不同的模块组成的。这种产品设计方案为落料冲孔模实现不同模块组合创造了条件。

根据客车系列车架纵梁的轴距尺寸及外形结构特点，结合产品设计，将每种纵梁分成前段、中段和后段，其中主要变化部分在中段，即轴距部分。按照组合模具的结构原理，对落料冲孔模和压弯成形模也进行了分段。生产不同轴距的纵梁时，通过加减模具中段的小模具（一套或两套落料冲孔模）或小模块（一套或两套压弯成形模）来实现生产。轴距相同而前后悬不同的纵梁，则是通过调节模具前端定位来实现其生产。

由于车架纵梁长度在 6~8 m，直截面占整个长度的大部分，因此，在模具设计时，可将不同品种的等截面部分做成一段一段的通用结构。在共用一套模架的情况下进行长度方向的组合，并尽量统一标准，增强其互换性。对于变截面部分，可单独做成一段来参与组合。

3.落料冲孔模结构

对于长度、宽度、料厚在一定范围内变化的系列车架纵梁，为实现一模多用，多使用落料冲孔模。

落料冲孔模的主要结构特点如下：

①落料冲孔模未采用传统的整体式模底板结构，而是采用在安装板上安装整体小模具的组合式结构，整体小模具和安装板之间用定位销定位。这种结构和材料选择不仅大大降低了模具制造费用和制造周期，还便于模具换型和进行不同组合，以实现不同零件的柔性化生产。

②凸、凹模固定座横向设有 T 形槽，通过调节垫板的厚度来满足不同横截面尺寸的车架纵梁的生产。在长度方面，可以通过调节定位块位置来实现不同长度的车架纵梁的生产。

4.压弯成形模结构

压弯成形模的主要结构特点如下：

①凸、凹模固定座上下部分都装有镶块，这种结构上下部分都可以作为工作面。生产变截面车架左右纵梁时，只需要将凸、凹模翻转使用，即可节省一套模具，同时便于模具换型。

②将多个凹模镶块和一块固定座连成一个整体，生产不同品种的产品时，将多个整

体进行不同组合，模具换型十分方便。

③模座纵向开有 T 形槽，以方便通用元件在模座上组合；模座横向也开有 T 形槽，通过调节垫板的厚度来满足不同横截面尺寸的车架纵梁的生产。

5.组合模具与传统结构模具比较

相对传统结构模具，组合模具在经济性、柔性化程度及制造周期等方面具有明显优势，比较情况如下：

（1）经济性比较

传统的车架纵梁落料冲孔模采用整体式铸钢底板，能对此种模底板进行铸造和机械加工的厂家屈指可数。因此，整体式铸钢底板的费用较高，一套约为 100 万元。柔性化组合模具方案对落料冲孔模采用安装板上装小模具的方式，安装板采用铸钢件，但形状简单，加工方便；小模具底板一般采用球墨铸铁件，安装板和小模具底板的合计费用是整体式铸钢底板费用的 60 %。

此外，传统的车架纵梁落料冲孔模设计方案是一个品种一套模具，凸、凹模镶块固定板与模底板之间没有调节垫块的安装空间，固定板或模底板上没有横向开的 T 形槽，生产不同长度、开口尺寸、料厚、外形的车架纵梁，需要用不同的落料冲孔模，每套模具费用按 300 万元计，如生产系列车型的车架纵梁，模具费用将相当高。采用组合模具，一模可多用，费用会大大降低。

对于压弯成形模，如车架纵梁为等截面结构，传统模具设计方案是同种开口尺寸及不同长度的车架左右纵梁，采用同一套模具生产；如车架纵梁为变截面结构，传统模具设计方案是同一品种的车架左右纵梁，则采用不同的模具（结构对称的两套模具）生产。由此可见，按传统模具设计方案，如生产系列车型的车架纵梁，每套模具费用按 350 万元计算，其压弯成形模的费用也非常高。采用组合模具，一套模具便能实现不同开口尺寸、不同长短的左右车架纵梁的生产，模具费用大大降低。

（2）柔性化比较

随着市场的变化，目前的生产方式以多品种、小批量方式为主，产品更新换代周期较短，这就要求产品的工艺及装备应具有柔性化加工能力。柔性化程度越高，综合投入及产品制造成本就会越低，工艺及装备的生命周期就会越长。模具作为车架纵梁生产的主要投入，费用很高，直接影响产品的制造成本。组合模具相对传统模具而言，柔性化程度高得多。

第四章 现代汽车制造的激光切割与焊接技术

第一节 激光切割技术

一、激光切割技术概述

激光切割包括薄金属板的二维切割或三维切割，作为一种精密的加工方法，激光切割几乎可以切割所有的材料。激光切割技术可用于切割不锈钢、碳钢、铝、铜等金属材料，并在钣金切割、五金加工、家电制造、汽车制造等领域应用广泛。在汽车制造领域，激光切割主要用于切割形状复杂的车身薄板及各种曲面工件；在航空航天领域，激光切割主要用于切割特种航空材料，如钛合金、铝合金、镍合金、铬合金、不锈钢、复合材料、陶瓷及石英等。激光切割成形技术在非金属材料领域也有着较为广泛的应用，不仅可以切割硬度高、脆性大的材料，如氮化硅、陶瓷、石英等，还能切割柔性材料，如布料、纸张、塑料板、橡胶等。如果用激光进行服装剪裁，可节约 10 %～12 %的衣料，提高 2 倍功效。激光切割的优点是切缝窄、工件变形小、无接触、污染小。

激光切割是用聚焦镜将激光束聚焦在材料表面，使材料熔化，同时用与激光同轴的压缩气体吹走被熔化的材料，并使激光束与材料沿一定的轨迹做相对运动，从而形成一定形状的切缝。激光切割技术广泛应用于金属和非金属材料的加工中，可大大减少加工时间，降低加工成本，提高工件质量。如果利用聚焦后的激光束作为主要热源的热切割方法，那么高亮度的光束经透镜聚集后，就能在焦点产生数千度乃至上万度的高温。激光切割原理如图 4-1 所示。

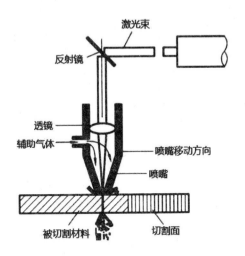

图 4-1 激光切割原理图

激光切割与传统的气燃体切割、等离子切割、模冲、锯切、线切割、水切割、电火花切割对比如表 4-1 所示。

表 4-1 激光切割优势

切割工艺	切缝	变形	精度	图形变更	速度	费用
激光切割	很小	很小	高	很容易	较高	较低
气燃体切割	很大	严重	低	较容易	低	较低
等离子切割	较大	较大	低	较容易	较高	较低
模冲	较小	较大	低	难	高	低
锯切	较大	较小	低	难	很慢	较低
线切割	较小	很小	高	容易	很慢	较高
水切割	较大	小	高	容易	较高	很高
电火花切割	很小	很小	高	容易	很慢	很高

由表 4-1 可见，与其他的加工方法比较，激光切割在整体上存在明显的优势，不论是从精度、速度，还是费用上，激光切割的优势都很明显，而且激光切割在图形变更上也比其他加工方式容易得多。因此，激光切割是现代工业生产中不可缺少的加工方法。

激光切割与其他热切割方法相比较，总的特点是切割速度快、质量高。具体概括为如下几个方面：

（一）切割质量好

由于激光光斑小、能量密度高、切割速度快，因此激光切割的切割质量较好。

第一，激光切割切口细窄，切缝两边平行并且与表面垂直，切割零件的尺寸精度为 ±0.05 mm。

第二，切割表面光洁美观，粗糙度只有几十微米，激光切割甚至可以作为零件加工的最后一道工序，不需要再次进行机械加工，零部件可直接使用。

第三，材料经过激光切割后，热影响区宽度很小，切缝附近材料的性能也几乎不受影响，并且工件变形小，切割精度高，切缝的几何形状好。

（二）切割效率高

人们根据激光的传输特性，在激光切割机上配备多台数控工作台，使整个切割过程可以全部实现数控。这样既可进行二维切割，又可实现三维切割。

（三）切割速度快

用功率为 2000 W 的激光切割 4 mm 厚的低碳钢板，切割速度为 800 cm/min。材料在进行激光切割时不需要装夹固定，既可节省工装夹具，又可节省上下料的辅助时间。

（四）非接触式切割

激光切割时割炬与工件无接触，不存在工具的磨损。加工不同形状的零件，不需要更换"刀具"，只需要改变激光器的输出参数。激光切割过程噪声低、振动小、无污染。

（五）切割材料的种类多

与氧乙炔切割和等离子切割相比较，激光切割材料的种类多，包括金属、非金属、金属基和非金属基复合材料、皮革、木材及纤维等。但是，不同材料的热物理性能及对激光的吸收率不同，表现出的激光切割适应性也不同。

二、常用激光切割功能介绍

（一）激光切割的原理与分类

不同材料的切割方法不一样，主要分为熔化切割、氧化切割、汽化切割、控制断裂切割，如表 4-2 所示。

表 4-2 激光切割原理分类

序号	切割方法	对应切割材料
1	熔化切割	不锈钢、铝
2	氧化切割	碳钢
3	汽化切割	木材、碳素材料和某些塑料
4	控制断裂切割	陶瓷

1.熔化切割

在熔化切割中，工件材料在激光束的照射下发生局部熔化，熔化的液态材料被气体吹走，形成切缝，且切割仅在液态下进行，故此法被称为熔化切割。切割时在与激光同轴的方向供给高纯度的不活泼气体，辅助气体仅将熔化金属吹出切缝，不与金属发生反应。这种切割方法的激光功率密度为 $10^7 \, W/cm^2$。激光束配上高纯惰性切割气体促使熔化的材料离开割缝，而气体本身不参与切割。

最大切割速度随着激光功率的增加而增加，随着板材厚度的增加和材料熔化温度的增加而减小。在激光功率一定的情况下，限制因素是割缝处的气压和材料的热传导率。

熔化切割主要应用于不能与氧气发生放热反应的材料，如铝等。

2.氧化切割

与熔化切割不同，氧化切割使用活泼的氧气作为辅助气体。氧气与已经炽热了的金属材料发生化学反应，释放出大量的热，使材料进一步被加热。

材料表面在激光束照射下很快被加热到燃点温度，与氧气发生激烈的燃烧反应，释放出大量的热量。在热量的作用下，材料内部形成充满蒸汽的小孔，而小孔被熔化的加工材料所包围。

燃烧物质转移成熔渣，控制氧气和加工材料的燃烧速度。氧气流速越快，化学反应和去除熔渣的速度也越快。但如果氧气流速过快，将导致割缝出口处的反应产物，即金属氧化物的快速冷却，对切割质量造成不利影响。

切割过程存在两个热源，即激光束照射能和化学反应所产生的热能。据估计，切割碳钢时，氧化反应所产生的热能占切割所需能量的 60 %。在氧化切割过程中，如果氧化燃烧的速度比激光束移动的速度快，割缝将变得宽而粗糙；反之，如果氧化燃烧的速度比激光束移动的速度慢，则割缝窄而光滑。

3.汽化切割

激光束焦点处功率密度非常高，为 $10^8\,W/cm^2$，激光光能转换成热能，并保持在极小的范围内，材料很快被加热至汽化温度，部分材料汽化成蒸气消失，部分材料被辅助气体吹走，激光束与材料之间进行连续不断的相对运动，会形成宽度很窄（如 0.2 mm）的割缝。对于一些不能熔化的材料如木材、碳素材料和某些塑料，可以通过这种方法进行切割。

在汽化切割中，最优光束聚焦的位置取决于材料厚度和光束质量。激光功率和汽化热能对最优焦点位置有一定的影响。在板材厚度一定的情况下，最大切割速度与材料的汽化温度成反比，所需的激光功率密度要大于 $10^8\,W/cm^2$，并且取决于材料、切割深度和光束焦点位置。在板材厚度一定的情况下，假设有足够的激光功率，最大切割速度受到气体射流速度的限制。

4.控制断裂切割

通过激光束加热，对容易受热破坏的脆性材料进行高速、可控的切断，被称为控制断裂切割。控制断裂切割过程的主要内容是：激光束加热脆性材料小块区域，引起该区域大的热梯度和严重的机械变形，导致材料形成裂缝。只要保持均衡的加热梯度，激光束可引导裂缝在任何需要的方向产生。

一般的材料可采用氧化切割的方法来完成切割，如果要求材料表面无氧化，则须选择熔化切割。汽化切割一般用于对尺寸精度和表面光洁度要求很高的情况，故其速度也最慢。另外，切割的形状也影响切割方法，在加工精细的工件和尖锐的角时，氧化切割可能会很危险，因为过热会使细小部位烧损。

（二）连续切割与脉冲切割

连续切割法是使振荡输出连续地发生从而进行切割的方法。在切割低碳钢时，连续切割法是切割速度最快的方法。

脉冲切割法是使振荡输出间断地发生从而进行切割的方法。通过将投入材料的热量降到最低限，能够进行切割质量及尺寸精度良好的加工。进行脉冲切割时，要设定脉冲频率和脉冲占空比。所谓脉冲频率，是指在 1 s 内使激光束 ON（开）、OFF（关）的次数，用 Hz（赫兹）表示。所谓脉冲占空比，是指在一个脉冲循环内，激光束振荡时间的比率，用%（百分比）表示。

连续切割的优势在于切割速度快，但切割质量不太好（被切割材料连续的热量输入变成过度的热量输入，会影响切割质量、尺寸精度）；而脉冲切割的切割质量好，但速度比连续切割慢。

连续切割大多采用中大功率 CO_2（二氧化碳）气体激光器进行切割，随着固体激光器和光纤激光技术的发展，目前固体激光器和光纤激光器也能用于连续切割。脉冲切割有两种方式：一种是平均功率不高，但峰值功率很高；另一种是通过斩波方式得到准连续激光，降低热积累。激光脉冲模式的应用及示例如表 4-3 所示。

表 4-3 激光脉冲模式的应用及示例

模式	应用	说明
连续模式	低压切割、高压切割、普通切割	碳钢用氧气等活性气体，铝、不锈钢用氮气等作为保护气体
门脉冲	穿孔、细小轮廓	轮廓上的小孔，小孔直径为材料厚度的一半
超脉冲	穿孔、高反材料	碳钢用氧气等活性气体，铜用氮气等作为保护气体

（三）激光切管介绍

激光切管机可对圆形管、方管、矩形管、腰圆管、椭圆管等进行高速、高质量的激光切割，切割断面无毛刺、无挂渣，切割图形多样化。激光切管机可实现任意图形的切割。

HP6018D 激光切管机具备强大的切割能力、超高的稳定性、高质量的加工、全自动上下料系统、极低的运行成本及高超的适应能力。HP6018D 激光切管机采用简易龙门结构，传动部件如变速箱、导轨和齿轮齿条均采用国外知名品牌，具有结构稳定、刚性好、重量轻、动态响应高的特点。HP6018D 激光切管机最高定位速度为 80 m/min，是集高稳定性、高精度、高性能于一体的先进的数控激光切管机。

激光切管机适用于汽车、机车、电器、液压、纺织、医疗、装饰、家具等领域，其优点如下：

①可选配全自动上下料系统。

②智能系统，高度集成，真正柔性化加工。

③整机高度集成，具有良好的系统性能及高寿命。

④高度自动化，抗干扰能力强，动态响应速度快。

⑤集中式操作，柔性化加工，自动上下料，装夹方便、快捷。

⑥维护及保养简便，基本免维护。

⑦切割精度高，运行成本低，满足 24 小时工业生产需要。

（四）激光切割设备的基本结构

1.主要系统

（1）激光切割设备

激光切割设备由激光光源、光传输系统、激光切割头、数控系统、激光切割控制系统、编程系统、气路系统、高度调节系统等组成。

（2）激光切割机床主机部分

这一部分主要用于安放被切割工件，按照控制程序正确移动被切割工件。通常由伺服电动机驱动。

（3）激光发生器

激光发生器是产生激光光源的装置。

（4）外光路

折射反射镜用于将激光导向所需要的方向。反射镜都要用保护罩加以保护，并通入洁净的正压保护气体，以保护镜片不受污染。

（5）数控系统

数控系统负责控制机床实现 X、Y、Z 轴的运动，同时也控制激光器的输出功率。

（6）操作台

操作台用于控制整个切割装置的工作过程。

（7）激光切割头

激光切割头主要包括腔体、聚焦透镜座、聚焦镜、电容式传感器、喷嘴等部件。切割头驱动装置用于按照程序驱动切割头沿 Z 轴方向运动，由伺服电动机和丝杆或齿轮等传动件组成。

2.辅助系统

（1）空压机、储气罐

空压机、储气罐负责提供和存储压缩空气。

（2）空气冷却干燥机、过滤器

空气冷却干燥机、过滤器用于向激光发生器和光束通路供给洁净的干燥空气，以保持通路和反射镜的正常工作。

（3）抽风除尘机

抽风除尘机负责抽出加工时产生的烟尘和粉尘，并进行过滤处理，使废气排放符合环境保护标准。

（4）稳压电源

稳压电源连接在激光器、数控机床与电力供应系统之间，起防止外电网干扰的作用，而且稳压电源能够适应感性、容性、阻性各种负载，可长期连续工作。

激光切割管设备配置如表 4-4 所示。

表 4-4 激光切割管设备配置

序号	分项名称	配置
1	床身（X 轴齿轮齿条传动）	直线导轨 齿条 减速机
	横梁（Y 轴滚珠丝杆传动）	
	Z 轴箱（Z 轴滚珠丝杆传动）	
	主轴箱（A 轴齿轮传动）	
2	自动上料系统	人工上料
3	卡盘最大夹持管径	外接圆直径≤φ180 mm
4	卡盘	标准卡盘

序号	分项名称	配置
5	激光切割头	德国 Precitec
6	高度跟踪传感器	德国 Precitec
7	CNC 数控系统、伺服电机与驱动	德国 Beckhoff
8	操作系统	Windows 7.0
	操作软件	激光切管机操作系统
	工控机、控制柜、操作台等	全铝低功耗、高性能工控机
	编程套料软件	英国 Radan
9	激光发生器	IPG YLR-1000、IPG YLS-2000、其他
10	其他	冷水机组、稳压电源、抽风系统、配气系统

三、常见材料的激光切割工艺

（一）金属材料的激光切割工艺

金属材料的激光切割工艺如表 4-5 所示。

表 4-5 金属材料的激光切割工艺

金属材料	注解	实例
碳钢	激光切割机可以切割碳钢板的最大厚度为 20 mm，利用氧化、熔化切割机制切割碳钢的切缝可控制在满意的宽度范围，薄板的最小切缝仅为 0.1 mm。当用氧气作为加工气体时，切割边缘会轻微氧化	2000 W 的光纤激光器可以切割 1～12 mm 厚的碳钢；碳钢用氧气切割时会得到较好的结果
不锈钢	使用氮气可以得到无氧化、无毛刺的边缘，不需要再处理。在严格控制激光切割过程中的热输入措施下，可以使切边热影响区变得很小，从而很有效地保持此类材料的耐腐蚀性	激光切割机对利用不锈钢薄板作为主构件的制造业来说是个有效的加工工具

金属材料	注解	实例
铝及其合金	铝可以用氧切割或高压氮切割： 当用氧气切割时，切割表面粗糙而坚硬，只产生一点火焰，但却难以消除； 用氮气切割时，切割表面平滑。当加工厚度小于 3 mm 的板材时，通过最优调整后可以得到无毛刺的切口。 对于更厚的板材，会产生难以去除的毛刺	适宜用连续模式切割。厚度小于 6 mm 的铝材切割效果取决于合金类型、激光器及工艺参数。铝切割属于熔化激光切割机制，所用辅助气体主要用于从切割区吹走熔融产物，通常可获得较好的切面质量
钛及其合金	纯钛能很好地耦合聚焦激光束转化的热能，辅助气体采用氧气时化学反应激烈，切割速度较快，但易在切边生成氧化层，不小心还会引起过烧。稳妥起见，采用空气作为辅助气体比较好，以确保切割质量	飞机制造业常用的钛合金激光切割质量较好，虽然切缝底部会有少许黏渣，但很容易清理
镍及其合金	超级合金，品种很多	其中大多数都可实施氧化、熔化切割
铜及其合金	纯铜（紫铜）的反射率很高，基本上不能用 CO_2 激光束切割	使用较高激光功率，辅助气体采用空气或氧，可以对较薄的黄铜（铜合金）板材进行切割

（二）非金属材料的激光切割工艺

非金属材料的激光切割工艺如表 4-6 所示。

表 4-6 非金属材料的激光切割工艺

非金属材料	切割类型	案例
皮革、木板、纸张等材料	CO_2 激光切割	80 W 的 CO_2 激光切割机可以切割薄木板等材料
绒布、覆盖膜等材料	紫外激光切割	10 W 的紫外激光机可以切割硬纸、绒布、覆盖膜等材料
有机玻璃等高硬度的脆性材料	皮秒激光切割	40 W 的皮秒激光器可以切割玻璃、陶瓷等材料。通常连续输出方式适用于玻璃、有机玻璃等非晶态非金属材料，脉冲输出方式则多适用于高硬脆无机非金属材料等多晶或单晶材料，此外，厚度、密度等也是需要考虑的重要影响因素

（三）激光切割缺陷

1.激光切割缺陷分析

激光切割缺陷分析如表 4-7 所示。

表 4-7 激光切割缺陷分析

问题	因素	分析
切割工艺	切割质量	光束质量：光束波长、模式、功率密度、发散角、偏振态等
		工艺参数：速度、功率、气压、切割高度、焦点、喷嘴大小及圆度
		外部条件：气体纯度、板材质量等
	功率	功率设定过小，会造成无法切割
		功率设定过大，切面会熔化，切缝过大，无法得到良好的切割质量
		功率设定不足，会产生切割熔渍，断面上会产生瘤疤
	速度	速度太快，会造成无法切割，火花四溅、部分区域能切断，部分区域切不断；切割断面较粗，但无熔渍产生
		速度太慢，会造成板材过熔，切割断面较粗糙；切缝会变宽；切割效率低，影响生产能力
		一般切割火花是由上往下扩散的。火花若倾斜，则说明进给速度太快；若火花不扩散且少，并凝聚在一起，则说明进给速度太慢。适当的切割速度使切割面呈现较平稳的线条，且下半部分无熔渍产生
	喷嘴	在喷嘴中心与激光中心不同轴的情况下，当切割气体在吹出时，会造成出气量不均匀，使切割断面较容易出现一边有熔渍，另一边没有的现象；在切割有尖角或者角度较小的工件时，容易产生局部过熔现象，切割厚板时，可能无法切割；还会对穿孔有影响，造成穿孔的不稳定，时间不易控制，对厚板的穿透会造成过熔的情况，且穿透条件不易掌握。喷嘴中心与激光同心度是影响切割质量的重要因素之一，尤其是切割的工件越厚时，它的影响就越大
		喷嘴发生变形或喷嘴上有熔渍时，其对切割质量的影响与上面所述一致
		喷嘴的质量在制造时就有较高的精度要求，安装时也要求方法正确
碳钢切割常见现象及处理	侧切割质量差	可能是透镜中心不正、喷嘴孔被堵或不圆、光路不正等造成的
		可以通过检查透镜中心、检查喷嘴状态、检查光路，重新打靶来调整

问题	因素	分析
碳钢切割常见现象及处理	开始的时候切缝宽	可能是引入长度或引入方式不对、线型不对、穿孔时间太长、切割时热量太多造成的
		可以通过检查引入方式和引入长度、检查线型、检查穿孔时间、减少占空比等来调整
	整个轮廓切缝都宽	可能是压力过大、焦点太高、功率太高、材料不好等造成的
		可以通过减小压力、减小功率、检查透镜的焦点来调整
	下表面有焊斑	可能是功率低、速度高、压力低、焦点偏离太大等造成的
		可以通过增加功率、降低速度、增加压力、检查离焦量来调整
	小毛刺和下切纹有角度	可能是速度太高、功率低、压力太低等造成的
		可以通过降低速度、增加占空比、增加功率、增加气压来调整
	打孔开始时和过程中爆孔	可能是占空比太高、打孔功率太大、气压太大、焦点不对、打孔方式不对造成的
		可以通过降低功率、降低占空比、降低气压、改变焦点、检查打孔方式等来调整
	打孔结束切割前爆孔	可能是打孔不足造成的
		可以通过增加打孔时间、增加打孔功率、增加占空比、增加气压来调整
不锈钢切割常见现象及处理	切不断	可能是速度太高、焦点不对、功率太小等造成的
		可以通过降低速度、提高功率、检查焦点来调整
	对边有毛刺	可能是同轴不好、喷嘴不圆、光路不好、激光器模式太差等造成的
		可以通过检查同轴、检查喷嘴、检查光路、检查激光器模式来调整
	有黑边毛刺	可能是焦点太低造成的
		可以通过提高焦点来调整
	有光亮的长渣	可能是氮气的气压太低造成的
		可以通过增加氮气气压来调整
	四周挂黑渣	可能是焦点太高造成的
		可以通过降低焦点来调整
	有抢切	可能是切割速度太高造成的
		可以通过降低切割速度来调整

问题	因素	分析
不锈钢切割常见现象及处理	有毛边	可能是焦点太低造成的
		可以通过提高焦点来调整
	切割边呈黄色	可能是氮气不纯或气管里有氧气、空气造成的
		可以通过检查氮气纯度、增加切割开始延时、检查气路等来调整

2.典型切割缺陷

典型碳钢切割缺陷介绍如下：

第一，没有切割透，大多情况是氧气压力不足，或者是切割速度过快引起的。

第二，碳钢挂渣的因素比较多，如焦点不对、气压太低、喷嘴太小等。

第三，碳钢断面粗糙，切割碳钢时气压太大会导致切缝变宽，而且切割面不平。切割碳钢时如果速度太快会导致切不透，或者是切割面的纹路有点弧形。

（四）激光切割系统评价

激光切割系统的评价指标及标准如下：

第一，切割效率：切割速率、切割图形的排版效率、切割路径。

第二，切割质量：割缝宽度与平行度、割缝精度、切割工艺稳定性、切割尖角等。

第三，切割图形、工艺数据库。

第四，设备的工作稳定性：长时间工作状态下依然能保证工件的加工精度高、废品率低等。

第二节 激光焊接技术

一、激光焊接技术概述

（一）发展及应用

应用激光焊接技术能够焊接高熔点、难熔、难焊的金属，如钛合金、铝合金等材料激光焊接技术造成的热变形极小，激光焊接过程对环境没有污染，是一种无接触加工方式。激光焊接的焊点、焊缝整齐美观，易于与计算机数控系统或机械手、机器人配合，实现自动焊接，生产效率高。激光焊缝的力学强度往往高于母材的力学强度。这是由于激光焊接时，金属熔化过程对金属中的杂质有净化作用，因此焊缝不仅美观而且强度高于母材的强度。

由于激光焊接具有能量密度高、变形小、热影响区窄、焊接速度快、易实现自动控制、不需要后续加工的优点，近年来正成为金属材料加工与制造的重要手段，越来越广泛地应用在汽车、航空航天、国防工业、造船、海洋工程、核电设备等领域。

与传统的焊接方法相比，激光焊接存在设备昂贵、一次性投资大、技术要求高等问题，使得激光焊接在我国的工业应用还相当有限，但激光焊接生产效率高和易实现自动控制的特点使其非常适于大规模生产线和柔性制造。

（二）概念及特点

激光焊接是利用高能量密度的激光束作为热源的一种高效精密焊接方法。激光焊接是激光材料加工技术应用的重要手段之一。20 世纪 70 年代，激光焊接主要用于焊接薄壁材料和低速焊接，焊接过程属热传导型，即激光辐射加热工件表面，表面热量通过热传导向内部扩散，控制激光脉冲的宽度、能量、峰值功率和重复频率等参数，使工件熔化，形成特定的熔池。由于激光焊接独特的优点，已成功应用于微、小型零件的精密焊接中。激光焊接的特点如下：

第一，激光焊接是利用大功率相干单色光子流聚焦而成的激光束为热源进行焊接的。

第二，激光焊接通常包括连续功率激光焊接和脉冲功率激光焊接。

第三，激光焊接的优点是不需要在真空中进行，缺点是穿透力不如电子束焊强。激光焊接能进行精确的能量控制，因此可以实现精密微型器件的焊接。

第四，激光焊接能应用于很多金属材料的焊接，特别是能解决一些难焊金属及异种金属的焊接。

二、常用激光焊接功能介绍

激光焊接常用的激光光源是 CO_2 激光器和固体 YAG（钇铝石榴石）激光器。根据激光器输出功率的大小和工作状态，激光器工作的方式可分为连续输出方式和脉冲输出方式两类。被聚焦的激光束照射到焊件表面的功率密度一般为 $10^4 \sim 10^7 \, W/cm^2$。焊接的机制也因功率密度的大小，分为激光热传导焊接和激光深熔焊接两种。

由于不同材料间相异的物理、化学和力学性能，不可避免地会出现很多问题，所以根据待焊的两种金属材料相同与否，可以将激光焊接分为同种金属激光焊接和异种金属激光焊接两种。

根据焊接工艺的特点，激光焊接又分为激光填丝焊、激光钎焊、双光束焊、复合焊等。

（一）激光焊接的原理

激光焊接是利用激光束优异的方向性和高功率密度等特性进行工作的，通过光学系统将激光束聚焦在很小的区域内，在极短的时间内使被焊处形成一个能量高度集中的热源区，从而使被焊物熔化并形成牢固的焊点和焊缝。

1.激光热传导焊接

激光热传导焊接的过程是：焊件结合部位被激光照射，金属表面吸收光能而使温度升高，热量依照固体材料的热传导理论向金属内部传播扩散，被焊工件结合部位的两部分金属，因升温达到熔点而熔化成液体，迅速凝固后，两部分金属熔接在一起。激光参数不同时，扩散时间、深度也有区别，这与激光脉冲宽度、脉冲能量、重复频率等参数有关。

　　激光热传导焊接需要控制激光功率和功率密度，金属吸收光能后，不产生非线性效应和小孔效应。激光直接穿透深度只在微米数量级，金属内部的升温主要靠热传导方式。激光功率密度一般在 $10^4 \sim 10^5\,W/cm^2$ 内，使被焊接金属表面既能熔化又不会汽化，而使焊件熔接在一起。

　　2.激光深熔焊接

　　与激光热传导焊接相比，激光深熔焊接需要更高的激光功率密度，一般需要用连续输出的 CO_2 激光器。激光深熔焊接的机制与电子束焊接的机制相近，功率密度在 $10^6 \sim 10^7\,W/cm^2$ 内的激光束连续照射金属焊缝表面，功率密度足够高的激光使金属材料熔化、蒸发，并在激光束照射点处形成一个小孔。这个小孔继续吸收激光束的光能，使小孔周围形成一个熔融金属的熔池，热能由熔池向周围传播，激光功率越大，熔池越深，当激光束相对于焊件移动时，小孔的中心也随之移动，并处于相对稳定的状态。小孔的移动就形成了焊缝，这种焊接的原理不同于脉冲激光的热传导焊接的原理。图 4-2 是激光深熔焊接小孔效应的示意图。激光深熔焊接依靠小孔效应，使激光束的光能传向材料深部，激光功率足够大时，小孔深度加大，随着激光束在焊件中移动，金属液体凝固形成焊缝，焊缝窄而深。

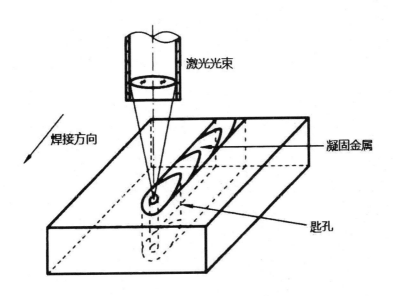

图 4-2 激光深熔焊接小孔效应示意图

（二）激光焊接的特性

焊接特性是金属材料通过加热、加压或两者并用的焊接方法把两个或两个以上的金属材料焊接在一起的特性。激光束可由平面光学元件导引，随后再以反射聚焦元件或镜片将光束投射在焊缝上。激光焊接属于非接触式焊接，作业过程不需要加压，但需要使用惰性气体进行保护以防熔池氧化。

与其他焊接方式相比，激光焊接具有以下特性：

①能量集中，焊接效率高，加工精度高，焊缝深宽比大。

②热输入量小，热影响区小，工件残余应力和变形小。

③非接触式焊接，光纤传输，可达性较好，也可与机器人配合，自动化程度高。

④焊接件装夹灵活，工件夹紧方便。

⑤焊接能量可精确控制，焊接效果稳定，焊接外观好。

三、影响激光焊接效果的因素

（一）影响激光焊接性能的因素

1.外界因素

（1）工艺因素

焊接前处理方式、类型、方法、厚度、层数。在处理结束到焊接的时间内是否加热、剪切或经过其他的加工方式。

（2）焊接工艺的设计

主要包括焊区、布线、焊接物。

（3）焊接条件

焊接条件指焊接温度与时间、预热条件、加热速度、冷却速度、焊接加热的方式、热源的载体的形式（波长、导热速度等）。

（4）焊接材料

主要包括焊剂、焊料、母材、焊膏的黏度、基板的材料。

2.材料自身因素

钢材焊接性能的好坏主要取决于它的化学组成，而其中影响最大的是碳元素，也就是说金属含碳量的多少决定它的可焊性高低。钢材中的其他合金元素大部分也不利于焊接，但影响程度比碳小。钢材中含碳量增加，淬硬倾向就增大，塑性则下降，容易产生焊接裂纹。

（二）影响激光焊接的工艺参数

激光热传导焊接的主要工艺参数如表 4-8 所示。

表 4-8 激光热传导焊接的主要工艺参数

工艺参数	解释	案例
功率密度	采用较高的功率密度，在微秒时间范围内，表层即可加热至熔点，产生汽化。因此，高功率密度对于材料去除加工，如打孔、切割、雕刻有利。在较低功率密度条件下，表层温度达到熔点需要经历数毫秒，在表层汽化前，底层达到熔点，易形成良好的熔融焊接	在传导型激光焊接中，功率密度的范围为 $10^4 \sim 10^6$ W/cm^2
激光脉冲波形	激光脉冲波形在激光焊接中是一个重要问题，尤其对于薄片焊接更为重要。当高强度激光束射至材料表面时，金属表面将会有 60 %～98 %的激光能量反射而损失掉，且反射率随表面温度变化而变化	在一个激光脉冲作用期间内，金属反射率的变化很大
激光脉冲宽度	脉宽是脉冲激光焊接的重要参数之一，它既是区别于材料去除和材料熔化的重要参数，也是决定加工设备造价及体积的关键参数	激光热传导焊接中，激光脉冲宽度与焊缝深度有直接关系，也就是说，脉冲宽度决定了材料熔化的深度和焊缝的宽度
熔深	熔深的大小随脉宽的 1/2 次方增加。如果单纯增加脉冲宽度，只会使焊缝变宽、过熔，引起焊缝附近的金属氧化、变色甚至变形	特殊要求较大熔深时，聚焦镜的焦点应深入材料内部，使焊缝处发生轻微打孔，部分熔化金属有汽化飞溅现象，焊缝深度变大，此时焊缝表面平整度可能稍差

工艺参数	解释	案例
离焦量	对焊接质量的影响。激光焊接通常需要一定的离焦量，因为激光焦点处光斑中心的功率密度过高，容易蒸发成孔。离开激光焦点的各平面上，功率密度分布相对均匀。离焦方式有两种，分别是负离焦与正离焦。以工件表面为准，焦平面深入工件内部的称为负离焦，焦平面在工件之外的称为正离焦	在实际应用中，当要求熔深较大时，采用负离焦；焊接薄材料时，宜用正离焦

激光深熔焊接的主要工艺参数如表 4-9 所示。

表 4-9 激光深熔焊接的主要工艺参数

工艺参数	解释	案例
激光功率	激光功率的大小是激光焊接技术的首选参数，只有保证了足够的激光功率，才能得到好的焊接效果。激光焊接中存在一个激光能量密度阈值，低于此值，熔深很浅，一旦达到或超过此值，熔深会大幅度提高。只有当工件上的激光功率密度超过阈值（与材料有关），等离子体才会产生，这标志着稳定深熔焊接的进行	激光功率较小时，虽然也能产生小孔效应，但有时焊接效果不好，焊缝内有气孔；激光功率加大时，焊缝内气孔消失，因此适当加大激光功率，可以提高焊接速度和熔深。只有在功率过大时，才会引起材料过分吸收，使小孔内气体喷溅，或焊缝产生疤痕，甚至焊穿工件
光束焦斑	光束斑点大小是激光焊接的重要变量之一	决定功率密度
透镜焦距	焊接时通常采用聚焦方式汇聚激光	一般选用 63～254 mm 焦距的透镜
焦点位置	焊接时，为了保持足够的功率密度，焦点位置至关重要。焦点与工件表面相对位置的变化直接影响焊缝宽度与深度	正离焦和负离焦
焊接速度	对熔深影响较大，提高速度会使熔深变浅，但速度过低又会导致材料过度熔化、工件被焊穿	对一定激光功率和一定厚度的某特定材料而言，有一个合适的焊接速度范围，并在其中相应速度值时可获得最大熔深

续表

工艺参数	解释	案例
保护气体	激光焊接过程常使用惰性气体来保护熔池。大多数应用场合常使用氦、氩、氮等气体作为保护气体，使工件在焊接过程中免受氧化。在一些对焊接技术要求严格的场合，如要求焊缝美观、密封、无氧化痕迹，或是焊接易于氧化难于焊接的铝合金材料，在焊接过程中就必须施加保护气体	氦气室上部有透光平板玻璃，允许波长为 1 064 nm 的激光束射入焊件的焊缝上，氦气室内充满氦气，这样被焊接金属零件在加热熔化过程中就不会被氧化，如焊接钢类零件或不锈钢类零件，则得到的焊缝是闪亮的，密封效果也好
材料吸收值	材料对激光的吸收取决于材料的一些重要性能	如吸收率、反射率、热导率、熔化温度、蒸发温度等，其中最重要的是吸收率

（三）影响激光焊接的金属性能

金属材料的性能通常包括物理性能、化学性能、力学性能和工艺性能等。碳钢焊接性与含碳量的关系如表 4-10 所示。

表 4-10 碳钢焊接性与含碳量的关系

名称	碳的质量分数	典型硬度	典型用途	焊接性
低碳钢	≤0.15 %	60HRB	特殊板材和型材薄板、带材、焊丝	优
	0.15 %～0.25 %	90HRB	结构型钢材、板材、棒材	良
中碳钢	0.25 %～0.60 %	25HRC	机器部件与工具	中（需要预热、后热，推荐使用低氢焊接方法）
高碳钢	≥0.60 %	40HRC	弹簧、模具、钢轨	劣（需要预热、后热，必须使用低氢焊接方法）

四、常见材料的激光焊接工艺

（一）常见金属材料的焊接工艺

激光焊接适用于多种材料的焊接。激光的高功率密度及高焊接速度，使得激光焊缝光滑、热影响区很小。掌握好一些变化规律，就可以根据对焊缝组织的不同要求来调整焊缝的化学成分，通过控制焊接条件可以获得最佳的焊缝性能。

1.不锈钢

奥氏体不锈钢的导热系数只有碳钢的 1/3，但吸收率比碳钢高。因此，奥氏体不锈钢可获得比普通碳钢深一点的焊接熔深。激光焊接热输入量小、焊接速度快，适合于焊接 Ni-Cr 系列的不锈钢。

马氏体不锈钢的焊接性能差，焊接接头通常硬而脆，并有冷裂纹倾向。在焊接碳的质量分数大于 0.1 %的不锈钢时，预热和回火可以降低冷裂纹和脆裂倾向。

焊接铁素体不锈钢时，用激光焊接方法通常比用其他焊接方法更容易焊接。

2.碳钢

低碳钢和低合金钢都具有较好的焊接性，但是采用激光焊接时，材料中碳的质量分数不应高于 0.25 %。对于碳的质量分数超过 0.3 %的材料，焊接冷裂纹倾向会加大。设计中应考虑到焊缝有一定收缩量，这有利于降低焊缝和热影响区的残余应力和裂纹倾向。

在焊接镀锌钢时，因为锌的沸点（907℃）比钢的熔点（1 535℃）低，在焊接过程中锌蒸发，会使焊缝产生严重的气孔，因此难以采用激光焊接，特别是穿透焊接，实验中在上下材料间设置 0.1 mm 的间隙，从间隙中放走锌蒸气，但在实际生产中间隙的操作比较困难。

材料中硫和磷的含量对焊接裂纹有一定影响，对于硫的质量分数高于 0.04 %或磷的质量分数高于 0.04 %的钢材，激光焊接时容易产生裂纹。

3.铜、铝及其合金

铜对 CO_2 激光的反射率很高，但对 Nd：YAG 激光的反射率则很低，所以用激光焊接紫铜还是有可能的。通过表面处理来提高材料对激光的吸收率。铜的不可焊性是因为其中锌的含量超出了激光焊接允许的范围。

由于铝合金的反射率和导热系数很高，因此激光焊接铝合金时需要相对较高的能量密度。但是，许多铝合金中含有易挥发的元素，如硅、镁等，焊缝中都有很多气孔。而激光焊接纯铝时不存在以上问题。激光焊接铝合金时一般采用高能量、大脉宽、表面去除氧化、氩气充分保护等措施，焊接的效果较好。

4.钛、镍及其合金

钛合金密度小，具有强度高、耐高温、耐腐蚀等优良性质。钛和钛合金很适合激光焊接，可获得高质量、塑性好的焊接接头。但是钛对氧化很敏感，必须在惰性保护气氛中进行焊接。钛及钛合金对热裂纹不敏感，但是焊接时会在热影响区出现延迟裂纹，氢是引起这种裂纹的主要原因。

（二）异种金属材料的焊接工艺

1.异种金属的焊接方法

异种金属的焊接是指两种或两种以上的不同金属（指其化学成分、金相组织及性能等不同）在一定工艺条件下进行焊接加工的过程。异种金属焊接接头的连接方式可分为直接连接方式和间接连接方式两种。

2.黑色白色金属焊接

黑色白色金属焊接是指非合金钢或低合金钢与不锈钢之间的连接，如珠光体钢、铁素体钢与马氏体钢、奥氏体钢激光焊接，奥氏体钢与铁素体钢、奥氏体钢激光焊接。

（1）钢的焊接

碳（或碳当量）是决定珠光体钢在焊接时淬火倾向的主要因素，焊接材料一般选择异种钢中碳含量（或碳当量）最小的钢。

焊接高温的铬钼耐热钢时，为了保证焊接接头的热强性，应选用耐热的焊接材料。焊前是否预热，视异种钢中碳含量（或碳当量）最高的钢及厚度来决定。

（2）不同奥氏体钢的焊接

各种奥氏体钢无论如何组合，几乎都可以用各种焊接方法进行焊接。因为具有单相奥氏体组织的钢在任何温度下都不会发生相变，而且这种组织具有良好的塑性和高的韧度。

目前，在焊接不同奥氏体钢的组合时，仍以焊条电弧焊的应用最为广泛。这不仅是因为焊条电弧焊具有较强的适应性，还在于奥氏体钢焊条的品种丰富多样，能满足不同钢材组合的焊接需要。这些焊接主要集中在奥氏体的耐酸钢、耐热钢和热强钢之间的组合焊接。

（3）奥氏体钢与铁素体奥氏体钢之间的焊接

在奥氏体异种钢材之间进行焊接时，对焊接材料的选择首先必须考虑到奥氏体钢焊接时在合金成分与最佳含量略有出入情况下就容易产生裂纹这一重要因素。而焊接材料大致分为两类：第一类属于最常用的奥氏体钢，合金材料中铬高于镍，可以用工艺性最好的铁素体奥氏体焊接材料进行焊接；第二类奥氏体钢的合金元素含量提高，合金元素中镍的含量超过铬的含量，因此就不能再用铁素体奥氏体焊接材料进行焊接。

3.异种非铁金属焊接

铝与铜的焊接属于异种非铁金属之间的焊接。铝与铜可以用熔焊、压焊和钎焊等方式进行焊接，其中压焊应用最多。铝和铜能形成多种以金属间化合物为主的固溶体相，其中有 $AlCu_2$、Al_2Cu_3、$AlCu$ 等。铝铜合金中铜的质量分数低于 12 %时，综合性能最好。因此，熔焊时应设法控制焊缝金属的铝铜合金中铜的含量不超过 12 %，或者采用铝基合金。

4.钢与有色金属的焊接

（1）钢与铝及其合金的焊接

①焊接性。钢与铝的熔点相差大，同时达到熔点很困难；钢与铝的热导率相差 2～3 倍，同一热源很难加热均匀；钢与铝的线膨胀系数相差 1.4～2 倍，在接头界面两侧必然产生热应力，无法通过热处理消除；铝及铝合金表面受热能迅速氧化，给金属熔合造成困难。

②焊接工艺。采用钨极氩弧焊接，在钢表面镀上一层与铝相匹配的第三种金属作为中间层。

（2）钢与铜及其合金的焊接

钢与铜的焊接性较好，因为铜与铁不形成脆性化合物，相互间有一定溶解度，晶格类型相同，晶格参数相近。但由于两者熔点、热导率、线膨胀系数等热物理性能差别较大，给熔焊工艺带来许多困难。

铜与钢用摩擦焊、扩散焊、爆炸焊等固态焊均能获得优良的焊接接头。

（三）焊接缺陷

1.焊接缺陷的分类

焊接缺陷是指在焊接过程中产生的不符合国家标准要求的缺陷。

金属缺陷可分为裂纹、孔穴、固体夹杂、未熔合和未焊透、形状缺陷等。

2.焊接缺陷的产生和预防

（1）裂纹

根据形态、机理不同，裂纹缺陷可分为热裂纹、再热裂纹、冷裂纹、结晶裂纹、液化裂纹、多边化裂纹及层状撕裂。裂纹缺陷的定义及产生原因、预防措施如表 4-11 所示。

表 4-11 裂纹缺陷的定义及产生原因、预防措施

裂纹形式	定义	产生的原因	预防措施
热裂纹	在低于凝固温度的焊接过程中，焊缝和热影响区金属冷却到固相线附近的高温区产生的焊接裂纹	被焊金属难以收缩等造成的。拉伸应力的存在，引起焊缝的弹—塑性变形。焊缝金属正处在脆性温度区，塑性变形超过了金属的塑性，形成了裂纹	合理选择焊接工艺参数；合理安排焊接顺序以降低拉伸应力
再热裂纹	含 Cr（铬）、Mo（钼）、V（钒）、Nb（铌）等沉淀强化元素的钢种在进行消除应力热处理等再加热过程中产生的裂纹	由于应力松弛产生附加变形，同时热影响区的粗晶析出沉淀硬化相导致回火强化，当塑性不足以适应附加变形时产生的裂纹	控制硫、磷含量，调整焊缝成分及强度
结晶裂纹	焊接结晶时，先结晶的部分比较纯，后结晶部分杂质比较多。随着柱状晶的长大，杂质和合金元素被排斥到晶界，结合成低熔相和共晶。这些低熔相和共晶呈液态膜分布，隔绝了晶粒间的联系。在冷却收缩应力的作用下，脆弱的液态膜无法承受拉应力，形成结晶裂纹	结晶裂纹只存在于焊缝上，一般呈纵向分布于焊缝中心线，或呈弧形分布于中心线两侧。这些裂纹都是沿一次结晶的晶界分布，尤其是柱状晶	采取较小接头温度梯度以使熔池凝固过程承受较低的应力；接头设计应避免应力集中，减小焊缝附近的刚度；合理安排焊接顺序以降低焊接应力
冷裂纹	焊接接头冷却到较低温度时产生的裂纹	冷裂纹有沿晶开裂和穿晶开裂	选用具有良好力学性能及较低延迟裂纹敏感性指数的材料；清除工件坡口和焊丝表面上的铁锈、油污及附着的水分等；合理选择焊接工艺参数

裂纹形式	定义	产生的原因	预防措施
层状撕裂	焊接时，在焊接构件中沿钢板轧层形成的呈阶梯状的一种裂纹	产生的原因是夹杂物、热影响区的脆化、Z向应力的作用	合理选择焊接工艺参数；改变焊缝布置以改变焊缝收缩应力方向，将垂直贯通板改为水平贯通板，变更焊缝位置

（2）未焊透和未熔合

未焊透和未熔合的定义、产生原因、预防措施如表 4-12 所示。

表 4-12 未焊透和未熔合的定义、产生原因、预防措施

类别	定义	产生原因	预防措施
未焊透	熔焊时，接头根部未完全熔透的现象	坡口角度小、间隙小或钝边过大、双面焊时背面清根不彻底、单面焊时电弧燃烧短或坡口根部未能形成一定尺寸的熔孔	坡口尺寸应适当；应选择合理的焊接电流、焊接速度；操作应熟练；单面焊时，应确保间隙≥d（焊条直径），钝边＜$d/2$，操作时控制电弧燃烧时间形成大小均匀的熔池；双面焊时，应清根、防止偏吹、保持焊接温度梯度
未熔合	熔焊时，焊道与母材之间或焊道与焊道之间未能完全熔化结合在一起的部分	线能量过小、电弧偏吹、气焊火焰对金属两侧加热不均匀、坡口面或焊缝表面有油、锈等杂质、单面焊时打底电弧引燃时间短	焊条或焊枪的倾斜角度要适当；选用稍大的电流或火焰能率；单面焊时控制打底速度；调整焊条角度，防止偏吹；认真清理坡口面和焊道表面

（3）夹渣、气孔

夹渣与气孔的定义、产生原因、预防措施如表 4-13 所示。

表 4-13　夹渣与气孔的定义、产生原因、预防措施

类别	定义	产生原因	预防措施
夹渣	焊接熔渣残留于焊缝中的现象（立焊或横焊不平易产生）	坡口角度或焊接电流过小；熔渣黏度大或操作不当；引弧或焊接时，焊条药皮成块脱落而未被充分熔化；多层焊接时，层间清渣不彻底；气焊时，火焰性质不适当或送丝不均匀	焊接工艺参数要适宜并按焊接方法操作
气孔	焊接过程中，熔池金属中的气体在金属冷却前未能及时溢出而残留在焊缝金属内部或表面所形成的空穴	焊条或焊剂受潮，或未按要求烘干；焊芯或焊丝生锈或表面有油污，焊接坡口有杂质；焊接工艺参数不当；单面焊接时，焊条角度不当、操作不熟练，熄弧时间过长	焊接工艺参数要适宜并按焊接方法操作

（4）形状缺陷

形状缺陷一般包括咬边、凹坑、焊瘤、弧坑、电弧擦伤、焊缝形状缺陷、冷缩孔等。

3.焊接缺陷的危害

焊接缺陷的危害如下：直接影响结构的强度及使用寿命；引起应力集中；严重影响结构的疲劳极限。

异种钢焊接接头失效的因素有很多，失效的主要原因至今还没有形成统一的认识，各国研究结果归纳如下：

①材料之间的热膨胀系数差别太大。

②碳迁移在低合金钢一侧热影响区产生脱碳带。

③材料之间的蠕变不匹配。

④有害元素在热影响区晶界偏析。

⑤铁素体钢热影响区的蠕变脆性和回火脆性。

⑥在铁素体钢一侧靠近焊缝界面产生氧化缺口，减小了有效截面积，造成应力集中。

⑦焊缝缺陷及再热裂纹。

⑧焊接接头存在残余应力。

⑨启动、停机（加载、卸载）产生的温度、应力循环。

⑩热膨胀装配不合理、振动和自重产生系统内部应力。

⑪超温、超载。

上述诸多因素中，由于组织、性能的差异而产生的失效是需要主要考虑的方面，一些外在因素是值得注意的"后天"因素。

五、激光电弧复合焊接

激光电弧复合热源将物理性质、能量传输机制截然不同的两种热源复合在一起，同时作用于同一加工位置，既充分发挥了两种热源各自的优势，又互相弥补了各自的不足，从而成为一种全新的、高效的热源。

（一）激光电弧复合焊接的原理及优势

1.激光电弧复合焊接的原理

TIG（Tungsten Inert Gas Arc Welding）焊称为非熔化极惰性气体钨极保护焊；MIG（Metal Inert Gas Arc Welding）焊称为熔化极惰性气体保护焊，是一种使用熔化电极，以外加气体作为电弧介质，并保护金属熔滴、焊接熔池和焊接区高温金属的电弧焊方法；MAG（Metal Active Gas Arc Welding）焊称为熔化极活性气体保护电弧焊，是在氩气中加入少量的氧化性气体，即氧气、二氧化碳气体或者氧气加二氧化碳气体形成的一种混合气体的气保焊。

在复合焊接工艺中，激光和电弧相互作用，取长补短。激光焊接的能量利用率低的重要原因是焊接过程中产生的等离子体云对激光的吸收和散射，且等离子体对激光的吸收与正负离子密度的乘积成正比。如果在激光束附近外加电弧，电子密度显著降低，等离子体云得到稀释，对激光的消耗就会减小，工件对激光的吸收率提高。而且，工件对激光的吸收率随温度的升高而增大，电弧对焊接母材接口进行预热，使接口被激光照射时的温度升高，也使激光的吸收率进一步提高。这种效果对于激光反射率高、导热系数高的材料更加显著。

在激光焊接时，热作用和影响区很小，焊接端面接口容易发生错位和焊接不连续现象；峰值温度高，温度梯度大，焊接后冷却、凝固很快，容易产生裂纹和气孔。而在激光电弧复合焊接时，由于电弧的热作用范围、热影响区较大，可缓和对接口精度的要求，减少错位和焊接不连续现象；而且温度梯度较小，冷却、凝固过程较缓慢，有利于气体的排出，降低内应力，减少或消除气孔和裂纹。电弧焊接容易使用添加剂，可以填充间隙，采用激光电弧复合焊接的方法能减少或消除焊缝的凹陷。

相对于单一电弧焊接和激光焊接而言，复合焊接由于电弧具有较大的作用区域，具有更好的熔池搭桥能力，降低了对对接精度的要求，避免了咬边、错位；同时焊接速度也大幅度提高，熔深也有所增加。而相对于单一电弧焊接，复合焊接的热输入量小，焊接变形及参与应力小，保持了激光焊接的优势，同时复合焊接接头与激光焊接接头的拉伸、弯曲、疲劳等力学性能相差不大。复合焊接电弧的热作用范围、热影响区较大，使温度梯度减小，降低冷却速度，且熔池的凝固过程变得缓慢，减少或消除了气孔和裂纹出现的可能，改善了焊缝和热影响区的组织性能，使焊接效率提高。

2.激光电弧复合焊接的优势

（1）能量利用率提高，焊接过程稳定性增强

激光焊接时产生的光致等离子体，不仅严重影响焊接过程的稳定性，而且降低能量利用率。等离子体对激光的吸收与正负离子密度的乘积成正比，而复合焊接时，电弧与激光共同作用在焊接位置，电弧的介入可以稀释光致等离子体，使离子密度显著降低，从而降低等离子体对激光能量的吸收、散射和反射作用，增大激光的穿透能力。电弧对工件的预热作用，提高了工件表面温度，也使吸收率提高。而且，在电弧对激光产生作用的同时，激光对电弧的稳定燃烧也有促进作用，由于激光对电弧的吸引和压缩作用，弧柱的电阻减小，电场强度降低，增加了电弧的稳定性；同时电弧在激光束的聚焦和引导作用下，其效率也有所提高，使熔深进一步增加。在一定的工艺条件下，复合焊接速度最高为激光焊接的 2 倍，是 MAG 焊接的 3 倍，同时可改善熔融金属的浸润性，避免咬边的出现。

（2）降低工件装配要求，间隙适应性好

电弧的存在使接头间隙允许范围变宽，即使在间隙宽度超过光斑直径时也可以实现连接，同时也避免了单纯激光焊接时可能存在的咬边或错位现象。

（3）焊接熔深增加

与单独采用激光焊接相比，采用复合热源焊接时的熔深可增大 20％。大量试验结果表明，在同一焊接规范下，复合焊接可以明显增大各单一热源的熔深，在一定的焊接规范参数下，激光与电弧发生协调作用，此时复合焊接的熔深甚至要大于各单一热源焊

接的熔深之和。这样有利于实现大厚度板的焊接。

（4）降低设备成本

采用复合热源焊接可大大降低激光器的功率要求，在较低激光功率下复合一个成本较低的弧焊电源即可获得较大的熔深，同时保留了激光焊接的优势，这样既可避免采用昂贵的大功率激光器，也使设备成本大幅下降。与单一 MIG 焊接和激光焊接相比，激光-MIG 复合焊接的优势如表 4-14 所示。

表 4-14 激光-MIG 复合焊接的优势

与激光焊接相比	与 MIG 焊接相比
焊接速度提高	焊接速度更高
熔深和熔宽更大	熔深更大
焊接过程更稳定	热输入低
能量利用率更高	焊缝窄
投资成本更高	热影响区窄
焊接适应性更好	焊接变形小
熔覆效率更高	
对工件装配要求更低	

（二）激光电弧复合焊接的种类与方式

根据辅助电弧与激光束轴向的不同，复合焊接接头的布置方式有旁轴式与同轴式两种。旁轴式装置简单，能轻易实现，而且参数调节方便，但由于电弧与激光束之间有一定夹角，使得复合热源在工件上的作用区域为非对称分布，当焊接电流增大到一定程度时，激光与电弧的作用点严重分离，从而影响焊接过程的稳定性。同时，采用旁轴式时，激光束要穿过电弧区域才能到达工件表面，当焊接电流较大时，电弧对激光束的屏蔽严重。而采用同轴式时，能够避免这些问题，且熔深的增加效果优于旁轴式；但同轴式复合装置的设计及实现比较困难，工艺也比较复杂，同时影响电弧的热效率，而且无法用于与 MIG 电弧的复合。

复合热源中常用的激光束有 Nd：YAG 和 CO_2 激光。Nd：YAG 激光可通过光纤传输，配合机械手，工作柔性比较好，但复合的功率比较小。CO_2 激光能实现大功率的复合，可用于大厚度材料的复合焊接，其缺点是工作的柔性差。在目前的研究中，采用 Nd：YAG 激光与电弧的复合焊接居多，但随着激光技术的发展，万瓦级的大功率 CO_2 激光与电弧的复合焊接将成为可能。根据辅助热源的不同，激光电弧复合焊接又可分为以下几种方式：

1.激光-TIG 复合焊接（惰性气体钨极保护焊）

激光与 TIG 复合焊接的特点如下：

第一，利用电弧增强激光的作用，可用小功率激光器代替大功率激光器焊接金属材料。

第二，可高速焊接薄件。

第三，可改善焊缝成形，获得优质焊接接头。

2.激光-MIG/MAG 复合焊接

激光-MIG/MAG 复合焊接利用了填丝的优点，增加了焊接适应性，但这种方式受电弧与激光作用位置的影响，与激光-TIG 复合焊接相比，其焊接板材厚度尺寸更大，提高了间隙搭桥能力，降低了单一激光焊接时坡口准备的精度要求，同时电弧能量的输入降低了冷却速度，减小了冷裂倾向。熔融金属的加入可以改善单一激光焊接时焊缝的化学成分及微观组织，降低热裂倾向，提高焊缝的综合力学性能，激光前置可以使起弧容易，并且在合适的规范下可以改变熔滴的过渡方式，使得焊接过程更加稳定，减少单一 MIG/MAG 焊接时的飞溅量及焊后处理的工作量。

3.激光-等离子体复合焊接

激光-等离子体复合焊接的基本原理与激光-TIG 复合焊接相近。但在激光-TIG 复合焊接时，由于反复高频引弧，起弧过程中电弧的稳定性相对较差，电弧的方向性和刚性也不理想，钨极端头处于高温金属蒸气中，容易受到污染，从而影响电弧的稳定性。而激光-等离子体弧的提出，成功解决了以上难题。激光-等离子体复合焊接有很多优点，包括刚性好、温度高、方向性强、电弧引燃性好，这种焊接方法在薄板对接、铝合金焊接等方面都有所应用，采用激光-等离子体复合焊接可以增大熔深，提高焊接速度，避免气孔、咬边等焊接缺陷的出现。

4.激光-双电弧复合焊接

激光-双电弧复合焊接将激光与两个 MIG 电弧同时复合在一起，每个焊炬都可任意调整另一个焊炬和激光束的位置，两个焊炬采用独立的电源和送丝机构。

第五章 现代汽车制造的机械加工技术

第一节 汽车零件机械加工工艺

一、车削加工

（一）车削加工及典型的加工工艺

车削加工是以工件的旋转作为主运动，刀具（车刀）的连续移动为进给运动的一种回转体表面的加工方法，是切削加工最基本的加工方法。车削加工主要用于加工轴、盘、套等回转体工件的内外圆柱面、内外圆锥面、螺纹、回转沟槽、单头或多头蜗杆、各类回转成形表面、回转表面滚花等，也可完成回转体端平面的加工。

车削加工典型的加工工艺有车外圆柱面、倒角、车外圆锥面、车短圆锥面、车曲面、打中心孔、钻孔、镗内圆柱面、铰孔、镗内圆锥面、切端面、切沟槽、车螺纹、攻螺纹、滚花等。

（二）车削加工常用设备

车削加工中最常用的加工设备是车床，车削车床有不同的分类标准，按照车床不同的特点分类如表5-1所示。

表 5-1 车床分类

分类标准	车床分类
用途和结构	卧式车床
	落地车床
	立式车床
	六角车床
	单轴自动车床
	多轴自动和半自动车床
	仿形车床
	专门化车床（如凸轮轴车床、曲轴车床、车轮车床、铲齿车床）
精度	普通车床
	精密车床
	高精度车床
控制方式	普通车床（普通卧式车床、立式车床、曲轴车床等）
	数控车床（简易数控车床、数控立式车床、数控卧式精密车床）

1.普通车床

普通车床能对轴、盘、环等多种回转体类工件进行加工，还可以加工端面和各种内外螺纹，采用相应的刀具和附件，还可进行钻孔、扩孔、攻丝和滚花等。普通车床主轴转速和进给量的调整范围较大，加工前的工艺准备和调整工作量较少，但自动化程度较低，工件的加工精度取决于工人的操作水平。所以，普通车床适用于单件、小批生产和修配车间。

2.数控车床

数控车床不仅能够完成普通车床所有的切削加工任务，还具有加工精度高、高效率、高柔性化、能做直线和圆弧插补，以及在加工过程中能自动变速等特点。因此，数控车床的工艺范围较普通车床宽，且一些复杂回转曲面的加工也可以方便地完成。

（三）车削加工中心

车削加工中心与一般的数控车床相比，具有刀库和自动换刀功能，增加了动力刀具，从而可在回转体零件上完成钻孔、铣削等工序，如钻油孔、钻横向孔、铣键槽及铣油槽等，并且具有 C 轴功能，可实现绕主轴的坐标回转运动，其加工工艺范围较一般的数控车床得到了很大扩展。

车削加工中心还有一些特殊功能和加工工艺，如铣端面槽、端面钻孔、攻螺纹、铣扁方、端面分度钻孔、横向钻孔、横向攻螺纹、斜面上钻孔、铣槽等。

（四）车铣加工中心

车铣加工中心是近年来发展起来的将车削、铣削功能复合在一起的一种新型数控机床，是一种复合加工中心。在车铣加工中心，一方面可以完成各种回转体的车削加工，另一方面可完成铣削、钻削、镗削、攻螺纹等加工，特别是可以利用铣刀和工件旋转的合成运动，完成回转表面的高速铣削加工。由于在一台机床上可以完成的工艺范围更广，所以，车铣加工中心的加工工序更加集中，工件在一次装夹中，可完成全部或大部分加工，减少了工件安装次数，避免了由于基准转换带来的安装误差，加工精度更容易保证。同时，减少了辅助时间，提高了加工效率。

二、钻削加工

（一）钻削加工及典型的加工工艺

钻削加工是以钻削刀具的旋转作为主运动，同时钻削刀具还做进给运动的一种孔加工方法。钻削加工所用的主要加工设备为钻床，主要用于钻通孔、盲孔、扩孔、铰孔、锪孔和攻丝等加工。

钻削加工的典型加工方法有钻孔、扩孔、铰孔、攻螺纹、钻埋头孔、刮平面等。随着加工中心的发展和广泛应用，一次装夹，在镗铣类加工中心就可完成铣削、钻削、镗削等加工。

（二）钻削加工常用设备

钻削加工中最常用的加工设备是钻床，钻削钻床有不同的分类标准，按照钻床不同的特点分类如表 5-2 所示。

表 5-2 钻床分类

分类标准	钻床分类	适用加工
用途和结构	台式钻床	加工小型工件的小孔
	立式钻床	加工中小型工件
	摇臂钻床	加工大而重和多孔的工件
	深孔钻床	加工深度比直径大得多的孔（如枪管、炮筒和机床主轴等零件的深孔）
控制方式	普通钻床	加工小型、中型、大型工件的孔
	数控钻床	加工位置精度要求较高的孔

（三）钻削加工中心

钻削加工中心更适用于加工以孔系为主的零件，典型的钻削加工中心有立式钻削加工中心和龙门式双主轴立式钻削加工中心。

钻削加工中常用的刀具有内冷式钻头、深孔钻头和锪孔刀具等。

（四）钻削加工现状

如今，随着全球加工技术水平的不断提高，在机械加工中所需要钻孔的数量越来越多。据报道，机械加工中孔加工已经占金属去除工作的 1/3，因此在制造领域中研究孔加工的人员越来越多，其位置也变得越来越重要。现如今对于金属的孔加工方法大致分为三种：第一种是使用激光加工，第二种是使用电火花加工，第三种是使用钻削加工。这三种加工方法各有其优点和缺点，在机械制造加工中可根据所处环境选择不同种类的加工方式加工孔。第一种孔加工方式和第二种孔加工方式相对于第三种孔加工方式成本要高，同时受到一些其他因素的影响，这两种加工方式的加工质量不稳定。

与激光加工和电火花加工这两种孔成形方法相比较，钻削孔加工方法使用广泛，加工效率相对较高、成本也相对较低。因此，钻削制孔在机械加工中被广泛使用，也是许多研究人员研究的主要内容。在航空工业中，工件的螺栓连接需要大量地钻孔，钻孔占全部材料去除的40%。

同样，钻削也被广泛应用于汽车和其他行业。叠层材料属于难加工材料，在钻削过程中最常见的缺陷是材料的分层问题。高速钻削可以减少分层，但这种方法对钻头磨损非常严重，一些研究人员使用超声辅助钻削来探索轴向力和分层的影响。在切削过程中增加一定的频率和振幅可以有效地降低切削力，但过度增大频率和振幅则无法降低切削力，钻孔技术作为复合材料层合板的一项重要的最终制造工艺，广泛应用于铆接和螺栓连接中，以固定复合材料结构和其他构件。

在机械钻孔过程中，由于复合材料层压板的各向异性，通常会发生分层、孔收缩和纤维拔出等各种损坏。不良钻孔引起的分层不仅会直接降低表面光洁度和装配公差，而且影响孔的抗疲劳强度，从而降低装配零件的使用寿命。为改善加工质量，有部分研究人员对润滑量进行了深入研究。

三、磨削加工

（一）磨削加工及典型的加工工艺

磨削加工是以磨具（砂轮、砂带）的旋转作为主运动，工件做进给运动，实现磨具对工件表面加工的方法。

磨削加工的典型加工工艺有粗磨、精磨、细磨及镜面磨削。磨削加工可以加工一般金属切削刀具难以加工的零件表面，可以加工内外圆柱面、内外圆锥面和平面，还可加工螺纹、花键轴、曲轴、齿轮、叶片等特殊的成形表面。磨削加工也是一种切削加工，因为磨削砂轮上每一个磨粒都相当于一把微小切削刀。

（二）磨削加工常用设备及加工方法

磨削加工中最常用的加工设备是磨床。磨削磨床有不同的分类标准，按照磨床不同的特点分类如表5-3所示。

表 5-3 磨床分类

分类标准	磨床分类		磨削方法	适用范围
用途和结构	外圆磨床		纵磨法	用于磨削宽度小于砂轮宽度的工件或采用成形砂轮进行成形磨削
			横磨法	
	万能磨床		—	—
用途和结构	内圆磨床	普通	纵磨法	用于磨削圆柱形或圆锥形的通孔、盲孔、阶梯孔等
			横磨法	
			用砂轮端面磨削工件端面	
			用砂轮圆周面磨削工件端面	
		无心	—	—
		行星运动	—	—
	平面磨床	矩形	—	加工长工件
		圆形	—	加工短工件或圆工件的端面
	无心磨床	外圆	贯穿磨削（纵磨）	大批量加工
		内圆	切入磨削（横磨）	加工不宜用卡盘夹紧、内外圆同轴
	工具磨床		—	—
	导轨磨床		—	—
	螺纹磨床		—	—
	专用磨床		—	—
控制方式	普通磨床		—	—
	数控磨床	数控外圆磨床	—	加工非圆曲面
		数控内圆磨床	—	
		数控平面磨床	—	
		数控曲轴磨床	—	
		数控螺纹磨床	—	

磨削加工中使用的主要工具是砂轮，如外圆砂轮、碗形砂轮、锯片砂轮、金刚石砂轮等。

四、铣削加工

（一）铣削加工概念及常用设备

铣削是指在铣床上利用铣刀进行的切削加工，是机械加工中常用的方法之一。铣削可以加工平面、各种沟槽、成形面和齿轮等，还可以进行钻孔和镗孔的加工。

铣削时使用的铣刀为多齿刀具，切削速度比较快，同时生产效率也较高。

铣削加工中常用的设备是铣床。铣床的种类有很多，主要有卧式升降台铣床、立式单轴及双轴转台式平面铣床、组合铣床和专用铣床等。卧式铣床简称卧铣，是应用最广的一种铣床。

（二）铣削加工工艺

铣床的加工范围比较广，常见的有铣平面、铣斜面、铣沟槽等。

1.铣平面

铣平面在卧式铣床和立式铣床上进行，常用的刀具有镶齿端铣刀、圆柱铣刀、套式立铣刀、三面刃铣刀和立铣刀等。

2.铣斜面

铣斜面又可以分为使用倾斜垫铁铣斜面、万能铣头铣斜面、角度铣刀铣斜面和分度头铣斜面等。

3.铣沟槽

使用这种工艺加工的沟槽种类有很多，如直槽、键槽、角度槽、V形槽、T形槽和燕尾槽等。

五、镗削加工

（一）镗削的基本知识

镗削加工是用镗刀在已加工出孔或铸出孔的工件上使孔径扩大并达到加工精度要

求和表面粗糙度要求的加工方法。镗削加工特别适合加工分布在不同表面且孔距和位置精度要求很严格的孔系。在镗削加工时，刀具的旋转为主运动，进给运动可由刀具或工件完成。镗削加工的范围较广，可加工内槽、外圆、端面、平面等。

（二）镗削加工工艺

镗孔常用于铰孔、磨孔前的预加工和孔的终加工，一般镗孔精度为 IT8～IT7，表面粗糙度值为 1.6～0.8 μm；精细镗孔的精度为 IT7～IT6，表面粗糙度值为 0.8～0.2 μm。镗孔适合加工大直径孔，特别是对于直径大于 100 mm 的孔，镗削几乎是唯一的加工方法。镗孔非常适合加工平行孔系、同轴孔系和垂直孔系。

镗削中常用的设备是镗刀，一般可以分为单刃镗刀、双刃镗刀和多刃镗刀等。

六、汽车零件机械加工工艺的应用——曲轴轴颈

轴颈是曲轴上承载负荷最大的部位，其结构复杂导致受力情况复杂，加工难度大。轴颈的每个部位的加工工序都需要粗加工和精细加工，其中粗加工的方式主要有车削、内外铣、车拉等，而精细加工主要是磨削和抛光的过程。粗加工是精细加工的前一道工序，因此粗加工后的轴颈是否达到要求，是决定精细加工能否顺利完成的前提条件。同时由于粗加工过程耗时长，因此对于曲轴轴颈的粗加工工艺的改进，是当下制造厂商共同面临的问题。

（一）车削工艺

车削工艺一般是利用多刀车床对曲轴进行切削加工，切削的过程是车刀在一个平面内进行径向或者纵向水平移动。根据其加工类型的不同，又可以分为主轴颈车床、连杆轴颈车床。由于多刀车床可以同时加工各种类型的曲轴轴颈及曲柄臂侧面，且加工效率非常高，因此被广泛应用于各种曲轴的轴颈加工中。多刀车床的刀具位置是相对的，因此在加工过程中，可以有效避免曲轴弯曲。连杆轴颈车床可以同时进行曲轴轴颈、曲柄臂侧面及圆角的加工工作，并且具备柔性制造的特点。

虽然曲轴轴颈的车削工艺已经非常成熟，同时也在不断地升级改良，技术也达到了较高的水平，但是改进的工艺技术还是存在很多问题，主要有以下几方面：

第一，在车削曲轴毛坯的过程中，加工余量大，并且容易产生震刀现象。因为曲轴毛坯都是锻造品或者铸造品，在车削过程中，其产生的切削力非常大，加上曲轴的刚性较差，因此会发生震刀现象，进而影响加工质量。

第二，加工质量不稳定。车削机床多为多刀机床，刀具数量多、规格大，这样可以有效地提高生产效率，但是带来的问题也显而易见，曲轴毛坯在车削过程中，受到的外力非常大，加上曲轴的刚性差，容易导致曲轴弯曲，进而影响工件的成品率，因此在实际使用过程中，都会加入校直工艺，延长了生产周期，导致生产成本上升。

第三，多刀径向切削的方式，限制了加工曲轴轴颈的类型。在对不同工件加工时，还需要对刀具进行更换和调试，而频繁地更换刀具，也让机床的多样加工性受到影响。

第四，曲轴不同部位的轴颈和连杆轴颈在加工过程中，需要采用不同的车床，导致生产效率非常低。同时车削的方式不是连续性的，因此其速度相对较低，工件的频繁更换，也使得整个加工效率降低。

（二）铣削工艺

铣削工艺可分为内铣和外铣技术。外铣技术是指计算机数字控制机床高速外铣。由于外铣刀盘在实际应用过程中，还存在诸多问题，现如今已经慢慢被内铣替代。

1.内铣加工的特点

①在一台机床上，使用一把刀具，一次性加工完成曲轴上所有的径向待加工部位，包括所有的轴颈、轴肩、止推面、曲柄臂侧面。因此加工效率得到了极大的提升，缩短了整个加工周期，同时也降低了对厂房的空间需求。

②对锻造和铸造的工件进行加工时，断屑质量更好。

③不需要额外加入其他设备和工序，就可以对不同类型的曲轴进行加工，同时无须更换刀具和机床就可以完成粗铣和精铣的工序，极大地提升了生产效率。

④加工的时间比较长，切削速度慢，无法对轴向沉割槽进行加工，粗加工后工件粗糙度大，同时内铣加工机床的价格普遍较贵。

2.计算机数字控制机床高速外铣的优点

①铣削速度最高为 350 m/min，切削效率高、力度小、使用周期长。

②切削周期短，工序简单。

③在切削过程中，曲轴不易变形，加工更加精准。

④不受曲轴种类的限制，机床可加工各种种类的曲轴。

（三）车拉工艺

车拉工艺主要结合了车削和拉削两种工艺的优点，替代了传统的切削技术。车拉工艺又可以分为直线车拉、旋转车拉。轴颈、圆角、曲柄臂侧面的加工可以通过车拉工艺一次性完成。车拉工艺具备很多优点，主要体现在：加工准确度高、不需要进行粗磨工序、加工过程不会产生振动、刀具的使用时间长。但是也存在一些问题，如不能对轴向沉割槽进行加工，也不能用于大余量的工件加工，无法加工种类复杂的工件，对刀具的要求多，因此只能用于规模化的工艺生产。

（四）加工工艺的比较

各种加工工艺都有其优势和劣势，如车削技术只适用于加工主轴颈，曲轴内铣、高速外铣无法加工轴向沉割槽。多刀车、车拉与内铣三种加工工艺的对比如表 5-4 所示。

表 5-4 加工工艺对比表

对比类别	加工工艺		
	多刀	车拉	内铣
柔性	较好	较差	较好
设备费用	最少	中等	最高
加工速度	一般	快	最快
刀具准备	快	慢	一般
加工质量	差	好	一般
刀具费用	最少	中等	最高
加工特点	径向切削力大,易产生弯曲变形	切削力较小,加工深度不能太大	切削力大,可以大切深加工,径向切削力小,弯曲变形小
完成的加工内容	轴向沉割槽、圆角、曲柄臂外圆及侧面、轴肩、轴颈	轴颈、轴肩、圆角（不能加工轴向沉割槽）	轴颈、轴肩、圆角、曲柄臂侧面（不能加工轴向沉割槽）

第二节 数控技术在汽车零件机械加工中的应用

一、汽车零件机械加工中数控技术的应用

随着我国社会经济的迅速发展,各种新技术在制造行业中得到了广泛的应用,机械加工技术水平也随之提升。数控技术的合理应用可以使机床设备的管控水平得到进一步提升,对于我国汽车零件加工技术的改善及完善也有着非常重要的意义,并且能够推动我国汽车制造行业进一步发展。

汽车零件加工水平在一定程度上会影响汽车的加工质量。近年来,随着我国制造行业的不断发展,数控技术在汽车零件机械加工过程中得到了非常广泛的应用,对于汽车零件加工效率及精准度的提升有着非常重要的意义。只有明确数控技术在汽车零件机械加工中的重要意义,并且对现有的加工模式进行不断的优化与完善,才能够达到预期的汽车零件加工效果,从而促进我国汽车行业的进一步发展。

二、数控技术及其优势

(一) 数控技术

数控技术是用数字信息对机械运动和工作过程进行控制的技术,它是集传统的机械制造技术、计算机技术、现代控制技术、传感监测技术、网络通信技术和光机电技术等于一体的现代制造业的基础技术,具有高精度、高效率、柔性自动化等特点,对制造业实现柔性自动化、集成化和智能化起着举足轻重的作用。随着汽车工业的发展,数控技术在汽车发展中起着越来越重要的作用,数控机床的发展推动了汽车工业革命的进程。汽车工业的发展既依赖于数控技术的进步,又推动了数控技术的发展。

（二）数控技术的优势

1.安全性

虽然操作人员在数控加工中起着重要的作用，但操作人员不用手动在机器上操作，而是直接在计算机上操作。这为所有人创造了更安全的工作环境，减少了工作场所事故的发生。数控技术应用于产品加工中保证了生产出来的产品是一致的，能够满足质量控制要求。人为操作失误和工作疲劳是常见的隐患，这会导致事故的发生，而将数控技术应用于产品加工中能够预防此类事故的发生。

2.高效化

在汽车零件机械加工过程中应用数控技术，可以使机械加工时间大幅度缩短，使加工效率进一步提升。应用数控技术可以实现多项流程加工的处理。在机械加工过程中如果采用传统的加工技术，在单次操作之后还需要进行机械参数的重新配置，这会影响汽车零件的加工效率。将数控技术应用在汽车零件的机械加工过程中，能够大幅度提升复杂零件的加工效率，还可以实现一些结构复杂零部件的大批量生产，并且能够保障零件的加工精度。因此，将数控技术应用在汽车零件机械加工过程中，具有高效化的特征。

3.智能化

相较于传统的汽车零部件加工工艺，数控技术还具有智能化的应用优势，并且体现在机械加工的多个领域。例如，应用传统的加工技术进行加工时，相关变量的设定还存在数据精准性不足及操作烦琐的问题，但是应用数控技术，就可以直接实现相关变量的智能化处理，实现操作流程的进一步简化。此外，如果采用手动操作的方式进行计算机程序的设置，还存在编程与变量之间的关系过于混乱的情况，使机床的作用无法得到充分的发挥。数控技术的合理应用，能够使机械加工的数字化与自动化水平得到进一步提升，并能够在结合汽车零件机械加工实际需求的基础上，进行加工程序的合理设置。近年来，随着我国智能化技术的不断发展，其在汽车零件机械加工领域中也得到了较为广泛的应用，对于我国汽车制造行业的进一步发展有着非常重要的意义。

三、数控技术在汽车零件机械加工中的应用意义

（一）提升机床的控制水平

近年来，我国汽车制造业发展得非常迅速，对零件的加工精度提出了更高的要求，使得传统的机床控制水平难以满足汽车零件加工的实际要求。数控技术在我国机械加工技术中的广泛应用，可以进一步提高机床的控制水平，大大提高汽车零件的加工效率。另外，利用数控技术对机床进行控制对机床本身的性能也有着重要的意义，能够促进机床操作水平的提高。数控技术的应用，能够让机床的控制水平得到显著的提升，对于汽车零件加工效率和加工质量的提升也有着重要作用。

（二）汽车制造行业发展的技术需求

数控技术在机械加工技术中的应用，能够使机械加工的质量跟效率得到进一步的提升，对于我国汽车制造行业的进一步发展有着非常重要的意义。因此，数控技术在汽车制造领域有着非常重要的应用意义，也就需要我国汽车制造企业能够对现有的零件加工技术进行不断的优化与完善，积极采用数控技术来不断提升汽车零件的生产效率及质量。只有这样才能够使汽车机械加工的效果得到进一步提升。此外，数控技术的合理应用，对于汽车零件加工质量和加工效率的提升也有着非常重要的意义。因此，数控技术是保障汽车制造行业持续发展的重要技术，对于我国汽车工业的发展有着非常重要的意义。

四、提升数控技术在机械加工技术中的应用策略

（一）在汽车零件机械加工过程中采用自动编程技术

在传统的汽车零件制造模式中，多是通过人工方法来进行图纸制造及零件加工顺序的合理确定的，这样不仅会导致工作效率降低，还会导致计算误差等问题产生，也就直接影响到汽车零件的加工质量和加工效率。合理应用自动编程技术，能够有效避免传统人为因素所导致的误差，能够使加工质量得到进一步的提升，从而帮助汽车制造企业获

得良好的经济效益。在使用自动编程技术过程中，可以根据汽车零件的加工特点来进行各种材料的优化配置，以降低汽车企业的加工成本。

（二）对机械加工原有设备进行科学创新

越来越多的新技术及新设备在汽车零件机械加工中得到了广泛的应用。数控技术作为近年来常用的一种机械加工技术，能够使汽车零件的加工精度及加工效率得到进一步的提升。此外，在汽车制造行业的发展过程中，对于汽车零件的制造精度及制造质量也提出了更高的要求，这也就需要对现有的数控加工技术进行不断的优化与完善，积极引进一些经济型的数控机床，确保数控机床的运行稳定性和效率。各汽车制造企业可以在结合自身生产特点的基础上，对原有的机械加工设备进行不断的创新与完善，以使机械加工技术得到进一步的提升。只有对现有的机械加工技术进行不断的创新与完善，才能使机械加工技术水平得到进一步的提升，从而促进我国机械制造行业的生产水平显著提高。

（三）保护知识产权

TwinCAT 软件为用户提供了一个简单而经济高效的模块化、自动化的工具箱。其中，TeCOM 概念是一种适合实时环境的"组件对象模型"，用户能够选择最适合手头任务的编程语言，通过 TeCOM 的开放式界面将自己的专有工艺知识和自主开发的专用功能集成到标准控制平台中。这样可以带来的一大好处是，核心竞争力完全掌握在用户手中，受到第三方保护，可以方便快速地进行修改和调整。此外，还可以配备可靠的硬件加密狗，对自主编写的软件进行加密。

（四）通用与开放

硬件和软件平台由标准组件构成，将自动化及数字控制功能集成在同一个系统中，开放式接口允许集成现有的系统和现场总线及灵活更换硬件组件。例如，作为系统核心的软件——TwinCAT 自动化软件不但提供了实时执行应用程序的运行环境，而且为编程、诊断和配置提供了理想的开发环境。

（五）完整而强大的平台性能

在汽车配件制造过程中不管是使用单台机床，还是使用高度复杂的加工设备，或者是在传统数控机床加工过程中使用的平台都应具有可扩展性强的特点，要能够满足几乎所有性能等级需求，并且普遍适用于所有机器类型。

（六）强化智能化技术及网络化技术的应用

为了促进数控技术应用效益的提升，需要对现有的数控技术应用手段进行不断的创新和完善。近年来随着我国科学技术的不断发展，智能化技术和网络化技术得到了迅猛的发展。在汽车零件机械加工过程中采用数控技术生产时，要求各企业不断强化智能化技术及网络化技术的应用，借此来对整个汽车零件的机械加工流程进行有效的管理和控制，这对于汽车零件加工效率和加工质量的提升有着积极意义，也对我国汽车零件制造业的发展有着重要意义。

第三节 现代汽车典型零部件制造工艺

一、曲轴制造工艺

（一）曲轴的结构及功能

发动机作为汽车的心脏，提供了源源不断的动力，而曲轴则是汽车发动机中传递动力、承受冲击载荷的重要零部件，相当于发动机的起搏器。曲轴的加工质量在很大程度上影响着发动机的性能和可靠性，进而影响着整车的使用寿命和相关功能。随着内燃机技术的不断发展，特别是各种增压技术的广泛应用，曲轴必须承受更大的扭矩并面对更加恶劣的工作条件。曲轴是发动机主要零部件中加工难度最大的一种零件，其加工工序多、检测内容广，且复杂的形状使得其在各工序间转运困难，因此曲轴的加工对系统控制、加工设备、检具和转运工具等都有很高的要求。

曲轴经由连杆将活塞的往复直线运动转化为旋转运动，通过变速箱将动力传递给底盘的传动机构，驱动汽车的配气机构和其他辅助装置。曲轴一般由主轴颈、连杆轴颈、平衡块、曲柄、前端轴和后端轴等组成。

（二）曲轴的材料

对加工曲轴的材料的要求为：性能好、适应冷热加工处理、费用低、低耗能及产量高等。曲轴经过高强度处理后，强度和韧性比较高，整体性能优良，抗拉伸和抗断裂的能力强，具有良好的耐磨性。

近年来，科学技术在不断地发展进步，冶炼和锻造水平越来越高，加工和应用性能更好的微合金钢制品的出现，让曲轴制造技术有了更大的提升，曲轴有了进一步的发展和应用。曲轴材料一般采用合金钢和球墨铸铁（以下简称"球铁"）。高排量的柴油机，一般功率比较大，其曲轴也一般使用性能较好的锻钢材质制造，又因为曲轴制造技艺比较复杂，在加工时不仅需要大量精度高的合金钢，而且还需要超过 6 000 t 的热模锻压力机和大于 3 000 t 的水压机，生产所需要的时间比较长，一般企业无法承担如此高昂的费用。而使用球铁铸造曲轴具有成本比较低、对于缺口不太敏感、吸收振幅能力强、不容易变形、润滑能力好、抗拉伸扭转的强度更高、抗氧化性更好等优势，使得众多中小企业更倾向于使用这种材料。采用球铁技术可以充分发挥曲轴的技术优势，可以使复杂的曲轴和内部结构的应力分布更加合理，充分使用材料，加工时比较方便，生产时间短，可提高产量。

（三）曲轴毛坯制造工艺

1.曲轴的铸造

我国在 20 世纪 50 年代末期就已经开始生产球铁曲轴，此后 20 年，体形中等甚至更小的柴油机采用具有优势的球铁曲轴，并得到了极大的发展，从而让球铁曲轴在发动机生产中的应用更加广泛，也就有了专门生产球铁曲轴的企业。近年来，汽车工业的发展更加迅速，球铁曲轴生产企业日益增多，国内已经广泛使用这种曲轴来制造发动机。

随着铸造工艺水平的逐步提高，部分锻钢曲轴已被球铁曲轴代替。球铁曲轴批量生产工艺流程：熔化—造型—浇注—冷却—清理—预先热处理—最后清理。

2.曲轴的锻造

（1）锻造曲轴的材料

用于锻造曲轴的原料主要有调制钢和非调制钢两种。对于用钢锻造的曲轴，其优点是有比较好的抗拉强度、较高的硬度、比较好的耐磨性、高疲劳强度及优良的韧性。但这种材质对于豁口比较敏感，所以对加工时的要求很高。曲轴为了适应强度比较高的发动机，在柴油机高压力下会以较高的速度和轴承发生滑动摩擦，从而出现一定的磨损，温度会越来越高，这样的冲击重压下其工作条件是非常不好的。

调制钢由碳素钢和合金钢组成。价格较低的碳素钢和合金钢的弹性模量是完全相同的，且碳素钢的抗拉伸强度较好，主要用于制造中等负荷的发动机。与碳素钢相比，合金钢含有多种贵重的金属合金，因此其抗拉伸强度和疲劳强度更好，常用于制造中高负荷发动机。

非调质钢通过锻造来降低温度，直接在空气中进行冷却处理，这比调质钢的污染要小很多，成本也很低，能源消耗低，性能也很好，已经在实际生产当中被广泛使用。由于当下对于发动机性能的要求越来越高，不少中轻型汽车使用的发动机曲轴的锻造技术已经在不断改善。现在的技术对加工余量、拔模斜度和错模量的要求不高，不过对精度的要求相当高。这说明对加工设备的精度及锻件脱模方式的要求比之前要更加严格，而一般的生产方式则无法满足这些要求。经过多次筛选，热模锻压力机成为首选设备，其高精度和良好的顶出机构完全适合生产精度高的曲轴。

（2）下料方法的选择

常用的下料方法有剪切法、冷却折断法、电锯切割法、砂轮切割法、车削法和气割法等。

（3）曲轴锻造设备选取

曲轴或者偏心轴连杆的滑动机构可以让曲线运动变成来回的直线运动，热模锻压力机就是利用这一点，通过摩擦离合器把储存在飞轮中的能量转变为滑动时的负荷能量。曲轴生产要求严格，对模型的精度要求高，生产制造的形状比较复杂，因此在加工生产中不再切削模件，这样才能实现更加优质的模件锻造。热模锻压力机正是因为符合以上要求，而且有自己的顶料机构、可以调节高度并且行程固定，所以在国外被广泛使用，有取代模锻锤的趋势。

（4）曲轴锻造工艺设计

①下料工序。选取 45 号精度好的钢材，即化学成分和性能材料完全合格。

②脱皮工序。原材料不能直接用于锻造曲轴，这是因为其有较深的脱碳层，因此要对原材料进行脱皮处理。

③加热工序。利用煤气炉进行加热。

④锻造工序。锻造环节分为预处理和最终锻造。预处理的原因是，既可以让制成的原坯金属能够分布均匀，利于最终实施锻造，又能明显减轻锻造时的压力，延长锻造模型的使用时长。预处理及最终锻造都运用同一种水平分模方式，都用 40 MN 的压力机进行锻造。在精细冶炼钢的时候，其最终锻造的温度要高于 1 050℃。

⑤切边工序。最终锻造让曲轴有了形状以后，要用压力机进行切边。

⑥扭拐工序。切边以后利用扭拐机来扭拧曲轴。曲轴扭拐的温度为 950℃～1 050℃。这一环节是在完全塑性变形的情况下进行的，可以利用相应的公式计算出扭矩。

⑦校正工序。扭拧后的曲轴要进行不止一次的校正。其主要为了校正主轴颈和连杆颈之间的夹角。初次校正后，将曲轴扭转 90 度后进行二次校正，温度应大于 800℃，一般在 850℃进行校正。

⑧正火处理工序。校正后的曲轴要进行正火处理。通过正火处理才能做到精确冶炼 45 号钢的曲轴，最终让其硬度可以达到 180～228 HB。

⑨清理及后续工序。正火处理后的曲轴首先要进行检查。对于主轴颈摆差、正火处理后的硬度和连杆颈的夹角都要进行检查，剩下的尺寸可以通过抽样检测的方式进行检查。经过一系列检查后完全合格的曲轴才能进行喷丸处理，将氧化的表面进行清洗。对处理后的曲轴还应该进行表面磁力探查，观察是否有裂纹，一旦发现裂纹应该立即用砂轮打磨，千万不要用其他工具凿挖，打磨的程度一定不能太深，并且要将非加工面磨平，不要让平面处形成明显的凹坑或者凸起。同时深度也不能够超过公差范围，磨削宽度应是深度的 6 倍。在打磨裂纹的同时还要修磨残余毛边。合格的曲轴必须经过浸油处理，这样做的目的是防止曲轴生锈。浸完油的曲轴要放入仓库，按照原计划交付给发动机厂。

（5）确定机械加工余量及锻件公差

普通的锻件都是经机械加工才能够成为零件。在模锻的过程中，毛坯在高温条件下容易出现表皮氧化、脱碳，甚至合金元素被蒸发或者其他污染现象，进而导致锻件表面不够光洁，表面层的机械性能达不到合格的标准或者出现其他缺陷，并且由于毛坯体积出现变化及终锻温度并不是恒定的，会造成锻件尺寸不相同。型槽壁是倾斜的，这是因为锻件出模所要求的，便于在锻件侧壁及时添加敷料；因为型槽磨损和上下模错移等现象无法避免，就会导致锻件的尺寸出现一定的偏差；因为锻件的形状复杂，导致很难锻造成形。这些原因就使得在锻件的制造中不仅应该加上机械加工余量，还必须规定一定的锻件尺寸公差。通常情况下，热模锻压力机锻造的模锻件的机械加工余量与公差要比锤上模锻件的要小一些，但至今并没有一个统一的标准。

（四）曲轴的机械加工工艺

1.曲轴的定心工艺

曲轴在发动机中能够做高速回转运动，但由于机械加工的精度问题，会导致曲轴自身出现不平衡问题，在高速回转过程中会产生振动，振动量与其转速的平方成正比。高强度的振动会降低轴承的使用寿命，增加工作的噪声，加快零部件的疲劳失效。所以高速回转的零件都要进行动平衡检测。因此，要控制发动机的振动、运行的平稳性，以及使用寿命，必须控制曲轴的动不平衡量。

现代汽车已经趋于更轻便、更紧凑的结构设计，内部发动机也应跟上汽车的整体设计发展，采用更轻便和更紧凑的结构。由于汽车的动力主要源自发动机，所以除了要具有轻巧的结构，刚性的要求也不能少。所以对于用来改善曲轴动平衡问题的曲轴的平衡块来说，修正平衡块的重量尤为重要。所以在动平衡的过程中，一定要特别注意对配重块的修正，也就是钻平衡孔，否则会使内部质量补偿恶化，最终导致平衡孔的作用受到影响。

当发动机高速运转时，如果出现曲轴弯曲，就会造成发动机弯曲振动和整体振动，还会产生巨大的噪声，这是因为曲轴的动平衡问题没有得到很好的解决。假设在最好的情况下，平衡块最多能够去掉曲轴旋转质量 96 % 的不平衡量，当曲轴以 5 000 r/min 的转速做自由旋转运动时，轴承组之间形成的轴线偏移大约为 70 μm，这个误差值在轴承游隙范围内是合理的。在这种误差范围内主轴承所承受的额外载荷是很小的，所以曲轴的设计不仅要严格规定动平衡的允许误差范围，还应该规定在不平衡量修正的过程中最大去重量的范围。所以，在制造曲轴时，一定要严格控制毛坯的精度，降低曲轴的初始动不平衡量，尽可能地采用优质的定心技术，如质量定心法，来防止平衡块的修正值超过规定的范围。

为了使曲轴到最后动平衡之前的不平衡量尽可能地减少，可以采用质量定心工艺来代替几何定心工艺。这样能够极大地减少曲轴在动平衡时的去重工作量，同时还可以提高动平衡的合格率。此外，采用质量定心工艺代替几何定心工艺，对于改善曲轴内部的质量补偿有着很大的作用。

2.曲轴连杆轴颈的机械加工

曲轴连杆轴颈的机械加工是指对连杆轴颈的外圆、凸肩外圆和平面、曲柄臂侧面进行加工。

（1）全轴车削

全轴车削是指在一个工位上的一个工序内，把曲轴的全部连杆颈全部车削完。在车削过程中，将曲轴两端面装夹在车床上，定位并夹紧，需要角度定位时，径向定位需要借助两端连杆轴颈的曲柄臂上预先铣出的定位面，轴向以止推面定位。同时，因为曲轴的长径比都比较大，属于细长轴零件的加工，为了防止在加工过程中曲轴发生变形，需要在中间部位放置好中心架。

全轴车削工艺所使用的设备为双工位靠模曲轴车床，这种设备生产效率高，适用于生产单件大批量的曲轴。根据目前制造业柔性需要的要求，对于多品种曲轴的加工，需要定期更换刀架和靠模，因此适应性会比较差。

（2）外铣加工

目前效率较高并且较为基础的加工方法就是曲轴连杆轴颈中的铣削加工。比起车削加工这种机械加工方法，铣削加工的生产效率相对来说比较高，铣削加工比车削加工的工作效率要高 3 倍。因此很多工厂都会采用铣削加工来降低生产成本，提高工作效率。

铣削加工比车削加工更受青睐的另一个原因是它在实际生产的过程中稳定性比较好，而工件在进行车削加工时会产生比较大的离心力，这样长时间下去一定会出现很多的机器故障，从而增加生产成本。

曲轴外铣加工这种方法一般适合排量比较小的车辆，对于处理毛坯余量小的工件效率会比较高。双头铣加工和单头铣加工各自在工件加工处理过程中发挥着重要作用。

通常来说，外铣加工在很多性能发挥部分存在着一些不足之处，由于工件加工是比较严谨的，而且为了提高生产效率、降低生产成本，大多数时曲轴内铣加工会替代外铣加工。

（3）内铣加工

对于曲轴加工工艺，目前国内很多的厂商都更青睐于进行内铣加工，总的来说，内铣加工可以加工任何毛坯精度的零件，它的工作效率也是特别高的。内铣加工可以同时加工主轴颈和连杆轴颈，对于任何厂商来说采用这种投资小、占用场地极小且生产效率高的方式可以极大地节约成本。而且随着机械加工工艺的不断发展，内铣加工技术也将变得更加成熟，从而在加工过程中避免出现一些故障，提高生产质量。

内铣加工的基本原理：首先通过曲轴的大端外圆和小端外圆进行径向定位，其次根据前道加工的曲柄臂侧面进行轴向定位，在这个过程中还需要用三爪卡盘对工件进行固定，最后就可以利用适当功率的电机来迫使内铣刀盘进行主运动，通过一定的系统控制就可以进行曲轴的加工，此时只要在刀盘上切入形状不同、多种方向的刀片就可以进行内铣加工，从而完成生产。

（4）磨削

曲轴外铣加工只是对工件表面进行一些粗加工处理，要想做更精细的加工就应该进行连杆轴颈的磨削工作。对连杆轴颈的磨削，是指磨削连杆轴颈两侧凸肩不平的部分，以及对外圆和圆角进行处理。在磨削过程中经常会用到全轴磨削、单拐磨削，以及双拐磨削的方法。

全轴磨削一般会用砂轮依次切入经过预加工而成形的全部连杆轴颈、轴颈两侧凸肩不平部分及圆角从而进行磨削加工，单拐磨削是在一次装夹之后使用一个砂轮对曲轴上连杆颈进行磨削，双拐磨削是使用一个砂轮对曲轴上同相位的连杆颈进行磨削，三者之间存在着一定的差别。

（5）车拉加工

曲轴车拉加工是一种新型的加工方法，它有效地克服了车削加工和铣削加工中的不足之处。在车拉加工中，通过使用由分度刀片组成的复式拉削组合，可以同时加工多个曲轴段，无论是水平行程或是垂直行程，切刀对曲轴段周边的进给都是切向的。

拉刀主要分为粗加工、半精加工和精加工拉刀，还有切削圆角和台阶面的拉刀。拉刀采用切向进给方式能提高工作效率，既可以一次加工一个轴颈，也可以同时加工多个轴颈。

二、箱体类零件的制造工艺

（一）箱体类零件分析及生产特点

箱体类零件的功能往往是为了对其他零部件进行一个位置的约束，保证其在正常的位置配合和工作，同时也有保护内部零部件免受外部恶劣环境影响的功能。箱体类零件的质量对内部零件配合的状态和使用寿命具有较大的影响。

箱体类零件的形状一般都比较复杂，这就导致其铸造比较困难。同时，由于箱体类零件内部需要有较多零件装配配合，所以对其加工质量和精度要求比较高，并且箱体零件的工作条件一般比较恶劣，需要承受内部零件运动时带来的冲击力和振动。

当今全球有众多的机械制造企业，也有不计其数的机械产品。随着经济的发展，人们对机械产品的需求也日益增多，促使产品更新换代加快，箱体类零件由大批量单一生产逐渐转向小批量个性化定制生产，对生产工艺的柔性化和生产周期的要求更加严格。企业若想提升自身的核心竞争力，就需要提升生产车间的信息化水平，提高生产和管理效率。

（二）箱体类零件的结构特点

箱体类零件是机械生产中最常见的典型零件，不同的箱体类零件在形状上存在很大的差异，但从数控加工工艺上能够分析概括出不同箱体类零件的结构特点，其共同特点如下：

第一，表面结构较为复杂。箱体类零件结构类型大多集中在外部，箱体外部具有大量的平面、圆柱形表面、阶梯孔和螺纹孔，并且内部有轴承通孔、安装孔等特征。

第二，加工精度要求较高。箱体类零件一般作为内部零件的外载体，箱体每个表面上不同种类的孔的加工精度将直接影响内部零件的运行轨迹。例如，箱体内部相互啮合的齿轮组，由于齿轮精度直接影响齿轮的啮合，如果箱体内孔的加工误差较大，则齿轮在传动的过程中会存在一定程度的振动和噪声，严重时甚至会发生数控加工中心加工事故。

第三，加工工艺与工序复杂繁多。箱体类零件的加工步骤繁多，加工工艺较为复杂，零件的加工工艺路线在工艺规划中占据重要位置，为了提高加工精度，提升加工效率，箱体类零件加工过程都在数控加工中心完成。

（三）箱体类零件的加工方法

复杂精密箱体类零件表面主要由平面、圆柱面和螺纹表面等构成，加工方式多采用铣、镗、钻、扩、铰、攻等。目前箱体类零件的加工方法如下：

第一，采用传动机床和工装形成工艺路线进行加工。这种方法加工效率低、类型单一、精度较低，不能满足复杂类箱体零件的加工要求，因此极少使用。

第二，采用组合机床进行相应工艺路线的加工。这种方法相比于第一种方式有较大的提升，但不具有代表性。箱体类零件的加工需要组合机床生产线，这种方法仅适合大批量生产的箱体零件。对于小规模单个箱体零件的加工，组合机床难以实现高精度、高速率的加工。

第三，采用复合式镗铣加工中心进行相应工艺路线的加工。由于数控加工中心能够在一次装夹后加工多个箱体特征，实现了工序集中，确保了加工精度，同时能够适应大批量、小规模生产，目前国内外高精度复杂箱体类零件的加工大部分都采用这种方法。

（四）箱体类零件加工的工艺流程

箱体类零件的毛坯件一般由铁或铝铸造而成，并且有着体积重量较大、形状复杂的特点。一般箱体类零件在毛坯件铸造完成后，留有 3～5 mm 的加工余量，然后使用数控车床、加工中心等设备进行粗加工和精加工及钻孔等工序才算完成完整的加工步骤。

在箱体零件加工过程中，各个工序之间的独立性较强，不同工序由不同的班组人员负责，自动化程度较低，对生产效率有着比较大的制约。在最后的质检工序中，由于箱体类零件结构形状复杂，采取人工测量的方式受主观因素影响误差较大，质量可靠率低，不利于企业对产品进行品控，废品率较高。

三、减速器制造工艺

（一）减速器箱体箱盖的功能

箱盖位于主减速器的上部，是主减速器的基础零件。箱盖和其他零部件一起组合连接，使箱盖成为一个整体，同时保持正确的相对位置，这样减速器才能正常工作。由此可见，箱盖的加工精度与其他零部件的安装精度紧密相关，与箱盖的使用寿命也紧密相关。所以对于箱盖的加工一般都具有较高的技术要求。

减速器的功能不同、箱盖的作用不同，那么箱盖的结构也就不同，所以箱盖的结构具有多样性。但它们也有共同特点，如结构、形状复杂，壁薄但不均匀，内部呈腔形；

有许多加工精度要求较高的平面与孔系;等等。箱盖是减速器的主要支承件,是传动齿轮和润滑油的主要承载体与储藏体。箱盖的结构、受力情况和生产精度都直接影响减速器的运行状况,所以箱盖在减速器中起基础性的作用。

在典型的减速器结构中,减速器箱体是减速器内部传动零件的安装基准,起着固定传动轴系、保证齿轮运转精度、防止灰尘进入等重要作用。

(二)减速器箱体箱盖的结构工艺

1.减速器箱体箱盖的特点

(1)尺寸较大

减速器箱体作为整个减速器的重力支撑组件及零件安装基准,是整个减速器当中尺寸最大的零件。统计资料显示,大型减速器箱体的长可以达到 6 m,宽可以达到 4 m,重量可达到 60 t。

(2)形状复杂

减速器壳体内部需要安装用于动力传递的齿轮组件、用于固定尺寸的轴系,同时,为了保证运行的可靠性,还需要布置润滑及散热组件,这就使得减速器壳体上需要对应布置较多的安装控件及安装孔,因此在保证其强度和刚度的同时,要尽量做到结构轻巧、布局合理。

(3)精度要求

由于箱体是减速器内部传动组件的安装基准,箱体的加工精度是否满足要求直接决定着内部传动组件是否能够安装到位,同时影响着传动组件及减速器的使用寿命。

(4)有许多紧固螺钉定位箱孔

虽然对连接孔的加工精度要求不高,但连接孔数量较多,且分布位置较为分散,这也给机械加工带来了一定难度。

2.减速器箱体箱盖结构工艺分析

减速器箱体箱盖的加工主要是两方面的加工:一是平面的加工;二是孔的加工。因为箱盖的结构比较复杂,加工的工序较多,所以对该工件进行的加工工艺分析研究将直接影响到工件的加工精度、生产成本和生产效率。

齿轮箱壁薄,容易变形,处理前要进行时效处理,以消除内应力。在处理过程中,要注意夹紧位置和夹紧力,以防止箱体变形。

减速器箱体机械加工的关键就是箱体箱盖结合面、轴承孔、通孔和螺纹孔的加工。

两个平行的孔的精度主要由精密设备来保证。精密设备可以保证各平行孔轴心线之间及轴心线与基面之间的尺寸精度和位置精度。

箱体箱盖的结构外形比较复杂，需要加工的表面多且要求高，机械加工的工作量大。根据箱体的工艺性要求需要考虑以下几方面：

第一，孔的尺寸精度及表面粗糙度。主轴支撑孔的尺寸精度考虑为 IT6 级，表面粗糙度（Ra）考虑为 0.4～0.8 μm，其他支承孔的尺寸精度为 IT5～IT7 级，表面粗糙度都为 1.6 μm；支承孔的几何形状精度要求不超过孔径公差的一半。

第二，孔的相互位置精度。支承孔的孔距公差考虑为 0.05～0.10 mm，中心线的平行度公差考虑取 0.012～0.021 mm，同中心线上的支承孔的同轴度公差考虑为其中最小孔径公差值的一半。

第三，有相互位置要求的表面尽量在一次装夹中加工完成。

（三）减速器箱体箱盖毛坯制造工艺

减速箱箱体材料的选取要考虑摩擦、振动吸收、可铸造性等各个方面的性能，一般推荐使用灰口铸铁（简称"灰铁"）来作为基本材料。灰铁不仅具备减震、铸造性好的特点，而且成本也很低，是批量生产零件的优选。

箱体的大部分可以选用灰铁 HT250 制造，对于一些要求高强度的零件，也可选用 HT300 或者 HT350 制造。一般尺寸不太大的部分，可以使用一体成型的铸造灰铁，而对于尺寸较大、难以一次成型的部分，从成本上考虑，可以分为多个零件单独成型，然后焊接而成。铸焊工艺具有很高的灵活性，可以在小的铸造设备上完成一些大毛坯的生产，所以铸焊工艺可以完成大部分铸造生产工作，在实际工业生产中有着广泛的应用。

尽管铸焊工艺有以上优点，在实际使用中也要考虑到焊接时会额外增加加工机床的负荷，一般会在焊接完成后进行粗加工。同时，由于毛坯本身存在内应力，加工时部分应力释放会导致加工精度变差，所以在加工前，需要对工件进行必要的热处理。

（四）减速器箱体箱盖机械加工工艺

在机械加工过程中，为了保证定位精度，往往在标注上使用某个端面或者边作为定位基准，其他的定位数据以此基准进行标注和表示，从而保证定位精度，提高加工质量。

1.粗定位基准的选取

在一个零件中，如果有许多不需要加工的面，就应该选一个与需要加工的面有最高精度要求的面作为粗基准。这样便可以保证位置上的精度要求。

在加工零件的过程中，有些时候必须保证一些面上加工的余量均匀，这样就应该以此面为粗基准。

在工件的加工中，有些工件有许多需要加工的端面，在选择加工位置时，往往使用非加工面作为工件加工的粗基准，并且选择毛坯余量最小的面作为粗基准面。

为了使工件在定位的过程中尽可能地准确可靠，这就要求所选的粗基准要光整，不能太粗糙。

为了使定位误差尽可能小，应避免在一次加工中，在一个尺寸方向上多次使用一个定位基准。这样才能避免由于重复定位产生很大的定位误差。

在加工减速器壳体时，需要关注的关键部位较多，箱体及箱盖铸件成型后，其箱座底面与箱底箱盖结合面、轴承孔、连接孔等关键结构尺寸均会发生关系，且箱座底面的结构特点决定了此处毛坯余量小且较均匀，故选取箱座底面作为零件加工的粗基准。

2.精定位基准的选取

（1）基准重合原则

基准重合指的就是加工时用精加工基准作为工件设计时的设计基准。当然有时在工件的生产过程中由于不好定位不能用到设计基准，这时可以用其他基准作为加工的精基准。

（2）基准统一原则

基准统一指的就是在加工工件时应该在选用一个精基准以后，就以该精基准为基础完成尽可能多的加工工序。这样可以使工件加工的精度得到有效的保证，同时也可以减少变换工件装夹基准所用的时间。例如，在加工减速器箱盖时，箱盖与箱体合箱以后就应该尽可能以底面为基准加工完箱盖上其他同一基准面的部分，从而保证在加工时，不会由于多次更换基准面而降低加工效率。

（3）互为基准原则

在加工工件时往往会遇到在同一个工件上有两个待加工的平面，并且这两个平面有较高的精度要求的情况，这时就应该先以一个平面为加工的精基准，然后再以已加工完成的面为精基准加工另外一个平面。例如，在加工减速器箱盖时，如果要实现箱盖结合面与箱盖凸缘的位置精度要求，就应该先以结合面为基准加工凸缘，然后再以凸缘为基准加工减速器箱盖的结合面。

（4）自为基准原则

在加工工件时有些工件的加工表面要求有很小的余量且余量要均匀，这时就应该用工件自身的一些面或者边作为基准，如机床的导轨，就要求加工的余量小且均匀，这时就应该采用以自身为基准的方式来对机床进行生产加工。

（5）便于装夹原则

为了能够装夹方便，减小工人的劳动强度，提高生产效率，选择的精基准应该能使工件便于装夹，同时还应该保证定位准确可靠，用作精基准的表面的粗糙度应该要小一些。

减速器壳体的主要尺寸部位为箱底箱盖结合面、轴承孔及连接孔。首先以箱座底面作为零件加工的粗基准进行轴承孔的粗加工，其次以粗加工后的轴承孔为基准完成箱座底面的加工，加工完成后的箱座底面便可作为减速器壳体零件加工的精基准。

3.机械加工工具的选用

（1）夹具的选择

当生产大批量工件时，为了提高生产率和加工质量，应该采用高生产率的专用夹具。夹具的精度应与工件的加工精度相适应，这样可保证工件的加工精度。

（2）刀具的选择

在选择刀具时通常要考虑零件的加工方法，以及工件的材料、精度要求和经济性方面的要求。

（3）量具的选择

箱体箱盖的生产属于大批量生产，应该选用通用夹具。

（4）辅具的选择

选择装备时还要认真地对辅助工具进行选择。辅具包括吊工件用的吊车，运输工件时用到的叉车或者小车，机床的各种附加的元件，放刀具用的刀架。这样有助于生产的组织管理，对工作效率的提高十分有利，效果也十分明显。

4.工艺路线的选择

在机械加工过程中，为了提高加工效率，保证加工精度，需要有一套完备的流程来约束加工过程中的每个工艺步骤。这套完备的流程是加工工艺的主要表现形式，既可以作为标准在行业内流通，也可以作为工艺验收、工艺成熟度及可重复加工的主要参考文件。对于成熟零件的加工工艺，行业内都会有非常高效的工艺流程。

所以在加工箱体外壳时，也需要具备一套加工流程。一些应该遵循的基本原则具体如下：

（1）先基面，后其他

工艺路线开始安排的加工表面应是选作定位基准的精基准面，然后再以该基准面定位加工其他表面。

（2）粗精分开、先粗后精

在加工过程中，对于不同精度要求的加工子流程，一般都先将精度要求低的完成，然后再进行精度要求高的加工流程，这样可以保证加工流程的一致性。

（3）先面后孔

很多时候，工件的平面特征可以作为基准定位，基于此，大部分加工流程都会有先面后其他的要求，其中先面后孔是典型的一种加工方式，因为通过先加工面，可以将基准面加工出来，而后续孔的加工可以以此基准面进行，从而保证精度，提高效率。

（4）工序集中，先主后次

由于加工中每次更换基准面都会造成相对误差，所以如果待加工的特征比较集中时，往往使用同一基准面，而在加工过程中，也要求同一基准面的面、孔等特征在同一子流程中加工完成，以减少装夹次数。

第四节 现代汽车典型零部件材料的应用和发展

一、汽车零部件材料的应用

材料是人类生产和生活所必需的物质。在汽车的生产制造和车辆工作行驶时用到的材料统称为汽车材料。现代生活对汽车的安全性、舒适性、自重、污染排放、能耗、价格等提出了各种要求,这需要设计者正确合理地选择汽车的材料。各种新材料的应用,促进了汽车的功能性提高,并且使汽车工业得以发展。

(一)金属材料

1.一般应用

通常人们将金属分为黑色金属和有色金属两大类,人们常说的钢铁材料就是黑色金属。如今的汽车零部件材料以黑色金属为主。在汽车工业中,碳素钢或铸铁多用来制造普通的汽车零部件,功能性汽车零部件则采用合金钢制造,如齿轮、十字轴、汽车纵横梁等,还有专用的合金弹簧钢、滚动轴承钢,以及用来制造空气压缩机阀片、汽车外装饰件的不锈钢,用来制造发动机进、排气门的耐热钢,用来制造拖拉机履带的耐磨钢。

有色金属是黑色金属以外的金属的统称。汽车使用的有色金属主要有铝、铜及其合金和滑动轴承合金,如铝合金汽车轮毂和铝合金发动机缸体、铜合金轴套和衬套、汽车轴承合金制作的轴瓦等。

2.汽车轻量化中的应用

在进行汽车制造工作时,汽车轻量化要求设计人员改变设计方案,积极应用新型开发技术,应用各种轻量化材料,改变汽车的整体重量和外形。

通常来讲,进行汽车轻量化制造所需要的材料主要有两类:一类是密度较低、重量较小的材料,包括铝、镁、钛合金等金属材料,塑料或者复合材料;另一类则是强度较高的材料,如强度较高的钢材。但是,聚合物类的塑料材料虽然重量较轻,但是很容易产生污染问题,所以对此类材料的应用要求较高,存在很多限制因素。

由此可见,当前在汽车制造行业想要进行汽车轻量化生产,就必须积极应用一些轻质材料,如密度较低的金属材料。利用这些金属材料混合成的金属制品进行汽车制造工作,不但能够确保汽车的安全性能符合生产标准,而且能够在一定程度上减轻汽车的重量,减少能源消耗,符合环境保护政策的具体要求。

(1)铝合金的特点及应用

目前,可以进行汽车轻量化制造的金属材料越来越多,铝合金是较早被应用汽车轻量化制造的材料之一,相关的生产和使用技术都非常成熟。铝合金材料的整体密度非常小、强度较高、抗冲击能力较强、相关材料的弹性较好,而且由铝合金制成的汽车零部件整体抗腐蚀性较强,不易被侵蚀。另外,铝合金制品制作起来相对容易,着色度较高,相关材料和制品能够有效地回收再利用，进而起到节约资源的作用。正因为铝合金具有这些优势，所以铝合金在汽车轻量化制造过程当中被广泛应用。具体来讲，在制造汽车时，铝合金材料被用于制作汽车轮毂、汽车悬架系和动力系中的各个零部件，通过技术人员的深入研究和开发，铝合金等金属材料被应用到更多的汽车制造工艺当中，不断推动汽车轻量化的发展和进步。

现在，与铝合金材料相关的研究越来越多，相关企业和负责人正在积极进行技术研究和工艺研究，分析各种铝合金材料的加工制造和应用方法，从而跟随社会发展的脚步，推动汽车轻量化的发展。目前来讲，铝合金半固态成形技术脱颖而出，被应用到汽车轻量化工作当中。在汽车制造过程中，使用铝合金半固态成形技术，不但能够使相关汽车零部件的功能更优良，还能使整个零部件的组织结构更加紧密，提升零部件的品质。与钢材料相比，铝合金材料的承受能力和强度相对较差，这也就导致铝合金材料在应用过程中存在一些限制，对其加工成形技术的要求也逐渐增高。另外，铝合金材料的制作和应用工艺需要消耗的成本越来越高，限制了其被广泛使用。

（2）镁合金的特点及应用

镁合金材料相对来说具备超强的开发潜力，与铝合金相比，镁合金材料的密度更低、重量更轻。同时，镁合金材料的强度高于铝合金和钢，而刚度则与铝合金及钢类似。另外，镁合金材料的修正性和阻尼系数更符合汽车制造的要求，承受能力较铝合金来说更强，所以利用这一材料进行汽车制造，能够有效减少汽车噪声，提升汽车的安全性能，满足使用者对舒适度的要求。而且，镁合金材料的热性能较强，相关材料易于加工成形，整体的稳定性较强，能够有效提高材料的利用率。当然，镁合金材料也存在很多缺点，其抗蠕变能力比较差，还需要进行进一步研究。

在进行汽车制造时，制作压铸件时可以积极应用镁合金材料，将铝合金或者钢材料替换下来。通常来讲，为了减轻汽车零部件中壳体类或者支架类（壳体类如一些离合器的壳体或者空调机的壳体，支架类如方向盘、刹车支架等）重量，提高零部件的品质，可以积极应用镁合金材料。

（3）钛合金的特点及应用

钛合金材料的综合性能较强，具备密度较小的特点，不但强度较高，而且抗腐蚀能力强，即便在恶劣的环境当中，仍然具备很强的耐热性和抗腐蚀性。

在汽车制造过程中，应用钛合金材料，不但能够减轻内燃机往复运动件的整体重量，还能够有效减轻整个汽车的重量。在制作发动机元件或者底盘件时，很多零部件都可以应用钛合金材料制造。

（4）高强度钢的特点及应用

实际上，钢铁材料是汽车制造行业中重要的材料之一，高强度钢材的应用是未来汽车制造发展研究的必然方向。高强度钢是指强度和韧性较高的钢材料。

与铝、镁合金等金属材料相比，高强度钢的应用和研发工作消耗的资金较少，它可以广泛应用到汽车各种零部件的制造当中，包括一些结构件、安全件或者车门防撞梁等，能够有效提高汽车的安全性。

虽然汽车制造行业的发展推动了社会的进步，提高了人们的生活品质，但是，随之而来的是更严重的环境污染问题和资源消耗问题。由此可见，在进行汽车工业建设时，一定要积极研究汽车轻量化方案，积极应用各种金属材料和加工技术，充分发挥金属材料的价值和作用，减轻汽车的重量，推动汽车制造行业的可持续发展。

（二）非金属材料

随着现代材料性能的改良和各种新型材料的不断出现，现代汽车制造中非金属材料的应用比例也在不断上升。

塑料材料可以应用在仪表板、座椅、门内板、发动机罩盖内衬等内饰件上，也可以应用在保险杠、散热器格栅、翼子板（挡泥板）、灯类等外饰件上，还可以应用在汽车冷却风扇、气门室罩盖、油箱、水泵等功能件和结构件上。因为橡胶的弹性、热可塑性、黏着性，以及绝缘性良好，所以汽车上的减振元件、轮胎、垫圈、胶带、油管、皮碗、电线护套等都是由橡胶制造的。

汽车上常用的玻璃有钢化玻璃、夹层玻璃，以及在其基础上衍生的其他类型汽车玻璃，如中空玻璃和防弹玻璃等。在现代汽车制造业中，陶瓷和新型复合材料也得到了越来越多的应用，如发动机火花塞和氧传感器等均由陶瓷制造而成；碳纤维合成的复合材料，有良好的过载安全性、摩擦和振动少、成形工艺简单等特点，已经应用到汽车制动盘和汽车轮毂的制造上。

（三）汽车运行材料

为了保证汽车的正常行驶，汽车还需要使用燃料、润滑油、齿轮油、制动液、冷却液等大量的运行材料，以满足汽车能量的转换、传动的润滑和冷却、车辆制动等工作过程的要求。

汽油和柴油燃烧时会对环境产生污染，但是目前两者还是现代汽车工作的主要动力来源。此外，还有一些新型燃料，如醇醚燃料、合成油、生物柴油、氢能等。

汽油是点燃式发动机的燃料，车用汽油的主要选用依据是发动机的压缩比，要注意汽油和柴油不能混用，且溶剂汽油不能与车用汽油混用。另外，汽油属于易燃易爆品，一定要注意安全。柴油是压燃式发动机的燃料，不同标号的柴油可以混合使用，并可根据气温的高低酌情调配，但严禁向柴油中添加汽油。

汽车发动机润滑油使用量大，工作环境严格，一般按说明规定选用，并要注意定期、定行驶里程或按质换油。

汽车的手动变速器、减速器、转向器等处的齿轮机构在工作时会受到很大的单位压力，这些位置离不开齿轮油的润滑和减摩。润滑脂俗称黄油，常温呈半固体状态。润滑脂具有许多优良性能，是汽车中不可缺少的润滑材料。

汽车制动液俗称刹车油，目前主要是合成型制动液。按其基础液的不同，常用的有醇醚型和脂型两种。

汽车防冻液是一种含有特殊添加剂的冷却液，按防冻剂的不同，可分为酒精型、甘油型、乙二醇型等。

汽车挡风玻璃清洗液（俗称玻璃水）的成分有水、酒精、乙二醇、缓蚀剂等，功能是清洁玻璃、防止结霜、防雾，以及润滑玻璃。

（四）其他汽车材料

汽车电工材料可分为绝缘材料、导电材料、半导体材料和磁性材料，主要作用是导电、导磁或绝缘。另外，许多汽车美容与装饰材料也被广泛应用，如汽车清洗剂、车蜡、汽车保护剂、车膜、汽车地胶、车载儿童座椅、汽车外装饰材料等，以满足不同的驾驶人群对汽车安全、美观、娱乐和个性化的需求。

二、汽车零部件材料的发展

随着汽车工业的发展和人们对生态环境重要性认识的提高，节能减排和绿色环保理念也更多地引入汽车材料的研究、推广和应用上。汽车轻量化已在汽车材料的选择上得到了广泛认同。汽车轻量化的概念是指在保证汽车行驶安全的前提下降低汽车重量，同时增加汽车的功能，从而节约能源，减少污染。

（一）高强度钢材料的发展

随着全球气候变暖和能源危机加剧，开发安全性更高、油耗更低的汽车，已经成为汽车工业的主攻方向。汽车减重是降低油耗、减少污染物排放、提高运输效率的有效措施之一。而高强度钢是既能保证汽车轻量化，又能保证和提升汽车安全性，且性价比较高的现代汽车制造材料。同时，非调质钢凭借成本低、性能优良、节能减排、绿色环保的优点得到了迅速发展，尤其在制造汽车发动机曲轴、连杆、转向节等方面得到了广泛普遍的应用。因此，采用高强度的非调质钢代替高耗能的调质钢来制造汽车零部件成为汽车工业发展的一个重要趋势。

汽车发动机及传动系统在周期性变化的气体力、惯性力和力矩的共同作用下工作，承受弯曲和扭转交变载荷，受力大且受力情况复杂，因此汽车发动机零部件用钢需要具有足够的强度和刚度、较好的抗弯曲和扭转的疲劳强度及一定的韧性。目前应用较多的钢材料在生产中容易出现混晶和铁素体沿晶分布导致的组织不均匀现象，进而降低了韧性而无法满足应用需要。因此，开发更高强度级别及更有韧性的非调质钢成为研究的重点。贝氏体钢是一种具有高强度和优良塑韧性的钢种，可显著提高钢材的强韧性，其中，无碳化物贝氏体以其精细的组织结构达到更佳的强韧匹配，成为汽车发动机零部件等用非调质钢的重点研究对象。

1.汽车用贝氏体非调质钢

从本质上讲，若钢的强韧性并非通过调质热处理工艺获取，而是通过合金化特别是微合金化与合理的控制轧制、控制冷却工艺的配合得到的，便可称为非调质钢。其概念是在 20 世纪 70 年代世界石油危机的背景下为节省能源而提出的，当时的联邦德国蒂森公司研制出第一代非调质钢 49MnVS3，以替代 50Mn、40Cr 等调质钢用于生产奔驰汽车发动机曲轴。随后，世界各国都竞相研究和应用非调质钢，先后开发了第二代、第三代及复合微合金化非调质钢，从而扩大了非调质钢的应用领域。目前，非调质钢的研究与开发已经历铁素体-珠光体型、贝氏体型和马氏体型三个阶段，并仍在不断地完善和发展中。非调质钢的制造成本低、制造周期短、能源消耗低，并且性能优异、低碳环保，是一种"绿色"钢种，有利于环境保护。

我国非调质钢行业于 20 世纪 80 年代开始起步，生产能力与技术不断提高，并取得了一定进步。非调质钢在汽车工业主要用于发动机曲轴、前轴、转向节、连接杆、轮毂、万向节等汽车零部件制造领域，可省略调质过程、节省 30 %～50 %的零部件制造消耗、减轻汽车重量，使汽车达到轻量化要求，还可降低 10 %～20 %的成本，减少调质过程中淬火引起的变形开裂，简化校直工序。目前我国人均汽车保有量较低，未来汽车市场仍有较大增长空间，且汽车轻量化发展已成为趋势，非调质钢在整车上的应用比例将持续攀升，有利于我国非调质钢行业的长久发展。

随着社会对节约资源、能源及环境保护的要求越来越高，钢铁材料朝着低能耗和高强化的方向发展是必然的趋势，非调质钢凭借成本低、性能优良、节能减排、绿色环保的特点，势必成为钢铁材料高强化发展的研究重点之一。所以，开发新型非调质钢，通过微合金化和控轧控冷工艺手段使其具有相对稳定的力学性能和较好的韧性，是目前我国汽车零部件用非调质钢开发中最为关键的一环。

当前，我国应用较多的铁素体-珠光体型非调质钢的强度提升主要源于固溶强化和沉淀强化，但这两种强化方式会对材料的韧性产生不利影响，而生产过程中工艺波动则会导致组织中出现较多的贝氏体或马氏体，还易产生带状组织使组织不均匀，更不利于强韧性的匹配，尤其是冲击韧性与调质钢相比有一定差距，限制了其应用。同时，随着社会对钢材强度的要求越来越高，铁素体-珠光体型非调质钢在强度提高上上限较低，难以在满足相当强度的条件下保持较好的韧性。而对于贝氏体型非调质钢，其在合金元素含量较低的同时能达到较高的强度和良好的韧性，且在强度上远高于铁素体-珠光体型非调质钢，在韧性上显著高于其他碳氮化物强化的微合金非调质钢，因此能较好地应用于各类较大强度载荷及高韧性的结构件的制造上，是值得开发的新钢种。

2.贝氏体钢

贝氏体钢是过冷奥氏体的中温过渡性转变产物，它以贝氏体铁素体为基体，同时可能存在渗碳体（Fe_3C）或碳化物、残余奥氏体等。贝氏体铁素体由亚片条、亚单元、较高密度的位错等亚结构组成，这种整合组织称为贝氏体。按照不同的分类方式，贝氏体组织可分成不同类型：按形成温度可分为上贝氏体和下贝氏体；按形态可分为针状、片状、粒状、竹状、羽毛状和柱状贝氏体等；按相组成可分为无碳化物贝氏体和有碳化物贝氏体；按碳含量可分为低碳、中碳和高碳贝氏体。

随着时代的发展和技术的进步，对钢的性能要求越来越高，不仅要求其具有较高的强度，还要有良好的塑韧性、低的韧脆转变温度及优异的加工性能（焊接性能、冷成形性能等）。如何平衡强度和韧性一直以来都是金属材料领域研究的重点问题，尤其是在微合金化和控轧控冷技术应用于生产之后，对于钢材的强度和韧性指标要求达到了一个新的水平，对于现代贝氏体钢更是如此。

（二）复合材料的发展

复合材料具有重量轻、耐冲击和异形曲面加工容易等良好性能，可用在汽车车身和其他车用大型结构件的制造上。例如，碳纤维材料，同样体积大小的材料重量不到钢的30%，且具有很好的韧性和抗拉强度。此外，陶瓷和其他高分子材料也都在汽车制造上得到了一定的应用，如发动机燃烧室零部件使用陶瓷进行薄膜喷涂技术处理，提高了隔热效果，有效减少了散热，降低了燃油消耗，使发动机体积更小、重量更轻。碳纤维增强复合材料具有重量轻、强度高、耐高温、耐腐蚀、疲劳性能好、热力学性能优良、可设计性强等优点，广泛应用于军事、航空航天、高速列车刹车系统及汽车复合材料结构件等领域。

（三）合金材料的发展

在汽车制造中，有色金属及合金、非金属和复合材料等新材料将越来越多地代替传统的黑色金属。现代轿车中开始大量应用非金属材料，工程塑料广泛用于制造汽车保险杠、内外饰覆盖件及车用安全玻璃等。尼龙材料制成的发动机盖具有良好的表面，选用有颜色的铸模成形件，还能节省涂装，更经济和环保。用尼龙进气箱阀替代原来的铝进气箱阀，可使生产成本下降30%，并减轻50%的重量。

多种材料的综合使用将会是汽车制造的主要发展方向，人们追求的是在满足汽车安全性、功能性的同时，把绿色环保放在首位，在车身恰当的部位和行驶环境中使用最合适的材料。例如，构成整车模型的材料主要以钢铝为主，车身采用钢铝一体化的设计，汽车中部采用钢结构作为纵梁支撑，车身上部骨架采用6082铝合金，整体钣金件的材料主要为0.5~1.5 mm厚度的合金钢，发动机、散热器采用刚性材料，轮胎采用超弹性橡胶材料，发动机盖、前后保险杠、行李箱灯采用弹塑性材料，保险杠采用分段的线性弹塑性材料，等等。

（四）新能源汽车材料的发展

新能源汽车是指采用非常规的车用燃料作为动力来源的汽车。通过热能、水能、风能、太阳能等得来的电能是二次能源，清洁环保。以电能为动力的汽车称为电动汽车，是当今汽车行业的发展方向。目前全球一半的电动汽车都在我国制造。电动汽车的研发，关键在于减少二氧化碳的排放，创新动力系统的概念设计。除了考虑电池重量，还要考虑降低车身重量，这就需要有性能更好的材料取代原有的材料，从而使车身和电池单元变得更轻。我国在电动汽车新材料的创新研发方面发挥着带头作用。

未来汽车要想在真正意义上超越传统的能源汽车，就必须以新能源汽车上应用的汽车材料为引领，考虑安全性、节能性和通用性，对重要位置的材料实现实用性技术突破。具有优良特性的合金材料、高性能的电工电子材料、综合性价比高的非金属及复合材料、石墨烯和新能源材料等将逐步被应用在汽车上，全球汽车材料产业必将经历一场前所未有的变革。

参 考 文 献

[1]吴星，余志坤，胡胜.汽车构造[M].北京：机械工业出版社，2023.

[2]李凡，朱礼贵.汽车底盘构造与原理[M].北京：机械工业出版社，2023.

[3]赵宏宇，周佩秋.汽车机械基础[M].北京：北京理工大学出版社，2023.

[4]于贺宪，王宏力，苑江坤.新能源汽车概论[M].上海：上海交通大学出版社，2023.

[5]凌永成.汽车运行材料[M].北京：机械工业出版社，2023.

[6]曹淼龙，庞茂，吴立军.新能源汽车构造[M].北京：北京理工大学出版社，2023.

[7]王树凤，王翠萍，李学慧.汽车构造[M].北京：北京理工大学出版社，2022.

[8]王瑞红.汽车制造工艺学[M].北京：北京理工大学出版社，2022.

[9]庞成立.现代汽车制造与装配技术研究[M].北京：北京工业大学出版社，2021.

[10]杨保成.汽车电子控制技术[M].北京：机械工业出版社，2021.

[11]袁金辉，于兆佳.汽车底盘检测与维修[M].北京：北京理工大学出版社，2020.

[12]倪骁骅.汽车制造技术[M].北京：北京理工大学出版社，2020.

[13]田国富.汽车车身制造工艺基础[M].北京：机械工业出版社，2020.

[14]李舜酩，李玉芳.汽车底盘现代设计[M].北京：机械工业出版社，2020.

[15]金星，马桂强，袁荷伟.汽车概论[M].长沙：湖南师范大学出版社，2019.

[16]杨志红，海争平.汽车总装技术[M].2 版.北京：机械工业出版社，2019.

[17]朱品昌，陈道泉.汽车机械基础[M].北京：北京理工大学出版社，2019.

[18]许子阳.汽车底盘结构与拆装[M].北京：北京理工大学出版社，2019.